Ich wünsche Ihnen für Ihren gemeinsamen Lebensweg viel Glück und Liebe

Vielen Dank zu Ihren Auftrag

Fleischhauerei
AUFGEGABELT

Produziert von: Edition Port Culinaire

AUFGEGABELT

MIKE SÜSSER

AUF DIE PLÄTZE. KOCHEN. LOS

Fotografiert von
THOMAS RUHL
Vorwort von Ralf Bos

avBUCH

Vorwort

Auf die Plätze. Kochen. Los! 6
Einleitung

Gaumenkino – Der Start und zwischendurch 8
Gmunden am Traunsee 16
Wenn´s umd die Wurst geht 24

Löffelweise – Heiß und Flüssig 34
Schwein gehabt 44

Aufgefischt – Aus den Tiefen 46
Eine Seefahrt, die ist lustig 58

Hüpf ins Glas – Auf Vorrat gekocht 68
Obst und Gemüse – Was braucht man mehr? 72
Schon gewürzt? 78

F.L.E.I.S.C.H. – rare, medium oder welldone 82
Federvieh und Gebranntes 96
Wilde Zeiten 102

Süssers Süßes – Das hat ein Nachspiel 106
Eiszeit … ist zur Freude der Almtaler in Grünau seit 2002 112
„Ovis orientalis aries", vulgo das Hausschaf 126

8 nach 10 – Plötzlicher Besuch und Couchgerichte 128

Glossar 138

Rezeptverzeichnis 140

Unterstützer und Bezugsquellen 142

Impressum/Dank 144

INHALT

Mikes fleißige sieben Zwerge: v. l. n .r. Ewald Breitwieser, Franz Gerstenlauer, Martin Eder, Norbert Putz, Irmi Wiesenberger, Maik Herodeck und mein Sohn Moritz, unser siebter Zwerg

Es gibt zwei Arten von Freunden: die einen sind käuflich, die anderen unbezahlbar.

Ihr seid unbezahlbar, ohne eure Hilfe wäre dieses Projekt nicht zustande gekommen und dafür danke ich euch sehr herzlich.

In den letzten dreißig Jahren als professioneller Esser ist es mir bis heute immer besser gelungen, Spitzenköche in talentierte und in fleißige zu unterteilen.

Fleißige Köche sind die, die während und nach ihrer Ausbildung von einem Sternekoch zum nächsten eilen, um neue Kreationen und neue Techniken kennenzulernen und das Erlernte fleißig und strebsam zu üben und zu wiederholen, bis sie es zu einer gewissen Perfektion gebracht haben. Dann versuchen sie selbst einen Michelinstern zu erkochen, was ihnen auch oft gelingt. Jedoch immer mit viel Mühe, viel Fleiß und immer mit dem Gefühl, dass sie ihn im nächsten Jahr wieder verlieren könnten.

Talentierte Köche sind die, die oft aus unbekannten Lehrbetrieben kommen und deren Vita aufweist, dass sie häufig zwischen Sterne- und ambitionierten Köchen hin und her gependelt sind. Sie brauchen die Inspiration der großen Kollegen nicht. Ihnen fließen die Kreationen aus den Fingern. Das Würzen und Abschmecken sind ihre Passion und die Garzeiten liegen ihnen im Blut. Das sind die Köche, denen nach ihrer Entdeckung die Michelinsterne im wahrsten Sinne des Wortes hinterherlaufen und die die wahren Charaktere am Kocholymp darstellen. Mike gehört mit Sicherheit zu dieser zweiten Gruppe.

Er strebt jedoch nicht nach Ruhm und nicht nach Sternen. Er hat das Herz und die Seele des Lehrers. Aber in ihm schlummert auch die Seele und das Herz eines Astronauten, eines Rockstars und eines ehrlichen Handwerkers. Er möchte nicht Ruhm und Ehre erkochen, sondern sein Wissen und sein Talent weitergeben. Am liebsten würde er sein Können verschenken, jedoch nicht, ohne auf Fun, Abenteuer und richtig fetzige Sachen zu verzichten. Jeder, der schon einmal einen Kochkurs bei diesem unwiderstehlich sympathischen, jungen Helden gemacht hat, weiß, von welchem Geist und welchem Genius ich rede. Für alle, die dieses kulinarische Abenteuer noch nicht erleben durften (und natürlich auch für alle anderen Genussmenschen), hat Mike dieses Buch geschrieben.

Viel Spaß beim Schmökern, Nachkochen und Genießen!

Ihr Ralf Bos

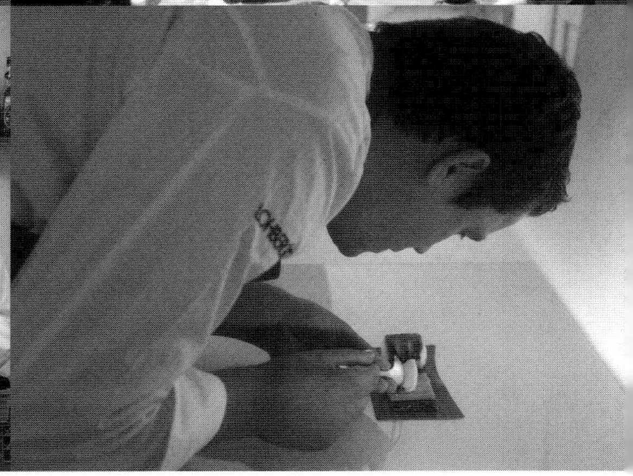

Fotos: Ewald Breitwieser

AUF DIE PLÄTZE.

Ich fahre nun eine Woche lang täglich von Kirchdorf an der Krems nach Gmunden – einfache Wegstrecke ungefähr 70 Kilometer – um in Mikes Kochstudio, einer innovativ eingerichteten Küche im alten Schloss Mühlwang mit einem wunderschönem Speisezimmer, einem lichtdurchfluteten Ausstellungsraum für Kochbücher und Kochutensilien, einem für die Produktion eigens eingerichteten Fotoatelier in einem Gewölbezimmer (vom Fotografen Thomas Ruhl stilvoll adaptiert), in einer erstaunlich kleinen Küche große Gerichte beim Entstehen zu beobachten.

Zuerst legt die Küchenmannschaft Unmengen von Waren, Lebensmitteln, Kochgeräten und -utensilien aller Art ab. Der Platz scheint knapp zu werden, aber es teilt sich alles wunderbar auf. Da stehen wir nun am Herd in Mikes Kochstudio – fünf Köche, junge weise und weit gereiste, die so gar nicht manchem medialen Bild entsprechen, sorgfältige Handwerker – und ich, ein Hobbykoch und Hobbyfotograf. Leise und mit Gefühl verrichten sie routiniert alle Kochwerke, sind neugierig und probieren immer wieder. Wir erproben Mikes Rezepte.

Wir, das sind: Mike, der „Chef"; Franz, der weitgereiste wilde Caterer; Maik, der Küchenpilot durch viele Küchen dieser Welt, angereist mit der Lufthansa, seiner Hauslinie; Norbert, der Ziegenbart und Küchenchef im Schloss Cumberland; Martin, Handwerker und Koch im Altenheim Gmunden; Thomas, der Lichtbildner; Irmi, ständig hilfsbereite Sauberfee und Ewald, der Einsteiger, der seit 35 Jahren seine Familie täglich bekocht und nun ab und an Kochclubs mit Freunden veranstaltet. Ich darf die Produktion (mit meiner Kamera) begleiten und werde von allen nur „Onkel Ewald" genannt.

Kochen mit Mike und all den anderen Köchen bedeutet, die Lebensmittel am Leben zu erhalten, ihren intensiven Geschmack nicht zu zerstören. Diese Philosophie macht uns auch fit für eine Woche K(n)och(en)arbeit: das heißt täglich 16 Stunden am Herd stehen, im Keller, im Kühlraum, am Gemüseschneidebrett, im Grander um Fische zu schuppen und auszunehmen, um Fleisch zu parieren. Das bedeutet Arbeiten in geschäftiger, stiller Konzentration. Mehr als fünfzig Rezepte müssen auf ihre Tauglichkeit überprüft werden, jedes dieser Rezepte wird ehrlich zubereitet und die Menüs und Kreationen müssen angerichtet und fotografiert werden.

Mike verbindet in seinen Rezepten das Aromenspiel verschiedener Küchen mit den Techniken der neuen und traditionellen Cuisine und mit dem Freiflug der Gedanken eines weit gereisten und erfahrenen Kochs. So wie sich die Zutaten

KOCHEN. LOS!

EINE ENTSTEHUNG

harmonisch ergänzen, ergänzen wir uns auch. Offenherzig reden wir über berufliche Karrieren und Geheimnisse, über die Küchenarbeit, Lieblingsgerichte und Vorlieben. Achtsam gehen wir mit den stets frischen Zutaten, mit den natürlichen Aromen und auch miteinander um.

Alle vom Team veranstalten mit mir, dem Neugierigen, manchmal Unsicheren auch noch kleine Workshops. Damit ich etwas lerne. Sie lassen mich tun, sie machen Kochen für mich zu einem lehrreichen, mit Stilkunde gepaarten Vorgang.

Stets ein Auge auf Mikes Rezepte schneide ich, brate ich, wiege ich Kräuter, putze Gemüse, gieße Fonds ab, passiere Farcen, reduziere Soßen ohne mich einzuschränken oder eingeschränkt zu werden, und lerne auch die Freiheiten zu schätzen, die, so scheint es mir, bei jedem Rezept vorhanden sind.

Als leidenschaftlicher Koch möchte ich vieles wissen und es interessiert mich nicht nur, dass etwas gelingt, sondern warum es gelingt. Wann ist der richtige Zeitpunkt fürs Ablöschen, wann ist das Fleisch perfekt gebraten? Eine Lebensfrage! Was spielt sich alles ab, bis ein hervorragendes Gericht am Teller perfekt angerichtet und arrangiert ist?

Mike, der „Chef", gibt sein Okay, beobachtet, sorgt sich nebenbei darum, dass es uns gut geht und goutiert konzentriert diese Perfektion und diese Maßarbeit. Wie „heiß" es in Profiküchen zugeht, kann ich erahnen. Ich bin ein Bewunderer von Profiköchen: Ich beobachte, ich staune, ich koche nach.

Thomas Ruhl will fix fertige Gerichte, so wie sie gekocht worden sind, fotografieren und anrichten. Stilvoll gestaltet will er sie ins richtige Licht setzen. Er braucht keine Fixative, keine künstlichen Farbstoffe und Farbtupfer, nur Hauptlicht, Führungslicht … aus. Thomas Ruhl, der Mann mit dem fotografischen Auge. Mit kurzer und langer Pinzette richtet er die grazilen Kreationen zurecht. Sonst braucht er nur sein Gefühl für Form, Farbe und Licht – sonst nichts. Thomas Ruhl fotografiert und freut sich an der Leichtigkeit und Bekömmlichkeit seiner Ästhetik.

Und wenn wir um Mitternacht die Küchentür hinter uns geschlossen haben, fahren wir gemeinsam zum Bergkräuterurochsenwirt „Heli" Gillesberger. Eine willkommene Abwechslung, mit einer kräftigen Jause bedient zu werden. Jetzt im Wirtshaus sind wir wieder auf gleicher Augenhöhe, ist Zeit für eine Verschnaufpause und für Spaß bis zum Abwinken.

„Onkel Ewald" Breitwieser

GAUMENKINO

DER START UND ZWISCHENDURCH

Wachtelbrust

Saibling

Blunzn

Dashi-Sud

Petersilienkruste

Mojo Verde

Dim Sum

SAIBLING / SAUER

Zutaten
Für 4 Portionen

Hinweis: Mindestens einen Tag zum Beizen des Fisches berücksichtigen.

Gebeizte Saiblinge
½ TL rosa Pfeffer
½ TL Steinsalz
½ TL Rohrzucker
1 Limette
je 1 Zweig Estragon und Dill
4 grätenfreie Saiblingfilets
Klarsichtfolie zum Einwickeln

4 TL Saiblingskaviar
2 TL Mojo Verde (siehe Rezept Seite 75)

Sauerrahmmousse
150 g Sauerrahm
100 g Crème fraîche
20 g Wasabipulver
1 Prise Steinsalz
weißer Pfeffer aus der Mühle
Saft einer halben unbehandelten Zitrone
2 Blatt Gelatine
40 ml Schlagsahne

Fenchelteppich
1 kleine Fenchelknolle
1 Schalotte
1 EL Olivenöl
10 ml Zitronensaft
2 EL trockener Weißwein
1 Prise Steinsalz
schwarzer Pfeffer aus der Mühle
10 g Butter
1 Blatt Gelatine
½ Bund Petersilie

Filoteigröllchen
1 Filoteigblatt
Traubenkernöl
Salz
Pfeffer

Tipp: Sie können Sauerrahm und Gelatine komplett durch QimiQ ersetzen. Damit wird das Gericht leichter und und Sie ersparen sich das Auflösen der Gelatine und das Erwärmen der Masse.

Zubereitung

Für die Beize bereits am Vortag den Pfeffer im Mörser leicht andrücken und mit Salz und Rohrzucker vermengen. Die Limettenschale fein reiben, Saft auspressen und hinzufügen. Estragon und Dill fein hacken und mit der Beize vermischen. Je ein Filet mit der Hautseite auf Klarsichtfolie legen, mit der Hälfte der Beize bestreichen und mit einem zweiten Filet bedecken. Die beiden gefüllten Fische fest in Folie einwickeln und für mindestens 24 Stunden im Kühlschrank durchziehen lassen.

Sauerrahm, Crème fraîche und Wasabipulver vermengen und mit Salz, Pfeffer und Zitronensaft abschmecken. Eine kleine Menge dieser Sauerrahm-Crème-fraîche-Mischung erwärmen, eingeweichte, ausgedrückte Gelatine darin auflösen und zur Sauerrahmmasse geben. Die Sahne schlagen und ebenfalls unterheben. ⅓ der Masse in einem Spritzbeutel kühl stellen. Eine Terrinenform mit Klarsichtfolie auslegen und mit der restlichen Masse gleichmäßig füllen. Beides mindestens 3 Stunden kühlen.

Fenchelknolle und Schalotte fein würfeln und in Olivenöl anbraten. Mit Zitronensaft und Wein ablöschen und etwa fünf Minuten weich kochen. Mit Steinsalz und Pfeffer abschmecken. Butter unterrühren. Die Gelatine in kaltem Wasser einweichen, ausdrücken und im Fenchelsud auflösen. Fenchel abkühlen lassen. Petersilie fein hacken, unter den Fenchel rühren und kühl stellen.

Filoteig in vier Bahnen zu je 6 cm Breite schneiden und mit Traubenkernöl einpinseln. Teigbahnen auf kleine Aluröhrchen wickeln und im vorgeheizten Backrohr bei 200 °C für 3 Minuten backen. Teigrollen vorsichtig abstreifen, mit Salz und Pfeffer würzen.

Anrichtevorschlag

Auf jeden Teller einen Würfel Sauerrahmmousse, garniert mit einem TL Saiblingkaviar und eine mit dem restlichen Mousse gefüllte Filoteigrolle, setzen. Fenchelteppich ausstechen, darauf den Saibling anrichten. Mit Mojo Verde garnieren.

Weinempfehlung

Weil der Saibling ein sehr zarter Fisch ist und die cremige Konsistenz vom Sauerrahmmousse einen Gegenspieler braucht, würde ich zu diesem Gericht einen Riesling trinken. Im Speziellen den Riesling Kögl 2007 von Salomon (Undhof), da dieser Wein von einer tollen Mineralik, einer lebendigen und einem eleganten Fruchtschmelz getragen wird und somit jede Komponente dieses Gerichts betont.

VITELLO TONNATO

MIT WASABI-THUNFISCH-SAUCE UND KÄFERBOHNENTEMPURA

Zutaten
Für 4 Portionen

Hinweis: Einen Tag zum Einweichen der Käferbohnen berücksichtigen. Paprikaöle mindestens eine Woche ziehen lassen.

Vorbereitung am Vortag:
Käferbohnen in Wasser einweichen.

Vitello tonnato
500 g Kalbsfilet
1 Karotte
2 Stangen Staudensellerie
1 Zwiebel
2 Lorbeerblätter
2 Nelken
1 Knoblauchzehe
6 weiße Pfefferkörner
2 EL weißer Balsamicoessig
500 ml Weißwein
200 ml Wasser
½ EL Salz

8 Petersilienblätter

Wasabi-Thunfisch-Sauce
200 g Thunfisch im Ganzen
1 Zwiebel
1 Stange angedrücktes Zitronengras
3 schwarze Pfefferkörner
1 TL Oystersauce
3 EL trockener Weißwein
200 ml Wasser
100 ml Sonnenblumenöl
100 ml Olivenöl
2 Eigelb
1 TL Wasabipulver
1 Sardellenfilet
Saft einer halben Zitrone
½ TL Salz
½ TL weißer Pfeffer aus der Mühle
etwas Kalbssud

Käferbohnentempura
12 Käferbohnen
2 Eigelb
160 g Mehl
1 Msp. Backpulver
300 ml kaltes Wasser
1 Msp. Salz
1 EL fein gehackte Petersilie
400 ml Öl zum Ausbacken
etwas Stärke zum Wenden

Paprikaöle
2 gelbe Paprika
2 rote Paprika
2 EL Rapsöl
400 ml Wasser
1 Msp. Salz
1 Msp. weißer Pfeffer aus der Mühle
200 ml Rapsöl

Zubereitung
Für das Vitello tonnato das Kalbsfilet von den Sehnen befreien und kalt abspülen. Karotte und Staudensellerie putzen, waschen und in grobe Stücke schneiden. Zwiebel schälen und mit Lorbeerblättern und Nelken spicken. Filet anbraten. Gemüse, Zwiebel, angedrückte Knoblauchzehe, Pfefferkörner, Balsamicoessig, Weißwein sowie Wasser aufgießen, salzen und langsam aufkochen. Auf kleinster Stufe 15 Minuten ziehen lassen. Topf vom Herd nehmen und das Fleisch im Sud erkalten lassen.

Für die Wasabi-Thunfisch-Sauce den Thunfisch in einen Topf legen. Gehackte Zwiebel, Zitronengras und Pfefferkörner zum Thunfisch geben. Mit Oystersauce, Weißwein und Wasser zugedeckt aufkochen. Dann den Topf vom Herd nehmen und drei Minuten ziehen lassen. Thunfisch herausnehmen und zur Seite stellen. Eigelb in einer Schüssel mischen und unter ständigem Rühren die vermischten Öle in feinem Strahl zugießen. Wasabipulver, Sardellenfilet, Zitronensaft, Salz und Pfeffer sowie den grob zerkleinerten Thunfisch zur Mayonnaise geben, gut durchmixen. Bei Bedarf etwas Kalbssud zugeben, bis die Sauce eine schön cremige Konsistenz hat.

Für den Käferbohnentempura Eigelb mit Mehl, Backpulver, Wasser, Salz und Petersilie zu einem Teig verrühren und kalt stellen.

Für die Öle die Paprika klein schneiden. Nach Farben getrennt jeweils in 1 EL Rapsöl anschwitzen und mit 200 ml Wasser aufgießen. Mit Salz und Pfeffer würzen und so lange kochen, bis die Flüssigkeit verdampft ist. Im Stabmixer zerkleinern und durch ein Sieb streichen. Paprikapürees mit je 100 ml Rapsöl nochmals aufmixen, in Flaschen füllen und mindestens eine Woche durchziehen lassen.

Anrichtevorschlag
Das Kalbfleisch mit einer Schneidemaschine dünn aufschneiden und auf einem großen Teller anrichten. Die Wasabi-Thunfisch-Sauce gleichmäßig darauf verteilen. Käferbohnen in Stärke wenden, durch den Tempurateig ziehen und in heißem Öl ausbacken. Auf Küchenpapier abtropfen lassen und auf dem Vitello anrichten. Mit gelbem und rotem Paprikapüree sowie Petersilie garnieren.

VOM KALB

Zutaten
Für 4 Portionen

Trauner Signalkrebs
4 Signalkrebse
½ Stange Lauch (nur der weiße Teil)
½ Karotte
1 Stange Staudensellerie
½ Zwiebel
500 ml trockener Weißwein
50 ml Noilly Prat
1 EL Steinsalz
3 EL Estragonessig
1 EL Pfefferkörner
1 TL Wacholderbeeren
1 l Wasser

Langustino-Mayonnaise (siehe Rezept Seite 77)
1 Bund Dill

Wachtelbrust
4 Wachtelbrüste
1 EL Rapsöl
schwarzer Pfeffer aus der Mühle
Steinsalz
100 ml Geflügelfond
1 EL Holundersaft
1 EL Sojasoße
1 TL Ahornsirup
1 EL Balsamicoapfelessig
½ TL schwarze Pfefferkörner
1 Thymianzweig

Avocado-Spargel-Würfel

Avocadocreme
2 Avocados
100 g Naturjoghurt
100 ml Geflügelfond
Saft einer halben Zitrone
Salz
weißer Pfeffer aus der Mühle
100 ml Sahne
6 Blatt Gelatine

Spargelfond
500 g weißer Spargel
1 l Wasser
1 Zitrone
1 EL Salz
1 EL Zucker
200 ml Rinderfond
6 Blatt Gelatine
1 Msp. Kurkuma (Gelbwurzpulver)
1 Tomate

Spargelcreme
200 g gekochter weißer Spargel
100 ml Spargelsaft
100 ml Sahne
Salz
weißer Pfeffer aus der Mühle
1 Msp. Zucker
Saft einer Zitrone
5 Blatt Gelatine

Thaispargel
200 g Thaispargel
1 EL Sesamöl
Salz
Pfeffer

Zubereitung
Gemüse und Zwiebel in dünne Ringe schneiden und in einen großen Topf geben. Mit Weißwein, Noilly Prat, Salz, Estragonessig, Pfefferkörnern, Wacholderbeeren und Wasser einige Minuten aufkochen. Die Signalkrebse in das sprudelnde Wasser geben und zugedeckt zwei Minuten kochen lassen. Anschließend Krebse herausnehmen, das Schwanz- und Scherenfleisch auslösen, mit den vier Köpfen zur Seite stellen und weitere Zutaten vorbereiten.

Die Flügelknochen von den Wachtelbrüsten mit einem Messer sauber abschaben. Die Wachtelbrüste pfeffern und in heißem Rapsöl kurz auf der Haut- und Fleischseite knusprig anbraten, erst dann salzen. Den Geflügelfond mit Holundersaft, Sojasauce, Ahornsirup, Essig, Pfefferkörnern und Thymianzweig zu einer dickflüssigen Sauce einkochen. Damit die Hautseite der Wachtelbrust bepinseln.

Die Avocado schälen, entkernen, grob zerkleinern und mit Joghurt, Zitronensaft, Salz, Pfeffer und 80 ml Geflügelfond mit dem Stabmixer pürieren. Die Masse durch ein feines Sieb streichen. Gelatine in kaltem Wasser einweichen, ausdrücken, im erwärmten Rest des Geflügel-

TRAUNER

fonds auflösen und zur Avocadomasse geben. Zum Schluss die geschlagene Sahne unterheben und in einem Spritzbeutel kühl stellen.

Den Spargel schälen. Wasser in einem großen Topf aufkochen. Die Zitrone waschen, halbieren und angepresst zum Wasser geben. Mit Salz und Zucker würzen. Darin den Spargel weich kochen, herausnehmen und kühl stellen. Die Rindssuppe mit 300 ml des Spargelwassers und Kurkuma vermischen und kurz erhitzen. Bei Bedarf nochmals abschmecken. In einem weiteren Topf etwas Wasser aufkochen. Den Stielansatz der Tomate ausschneiden, die Haut über Kreuz einritzen, die Tomate für 20 Sekunden im kochenden Wasser blanchieren, herausnehmen und ins Eiswasser legen. Dann die Tomate schälen und in kleine Würfel schneiden. Die Gelatine in kaltem Wasser einweichen, ausdrücken und im heißen Kurkumafond auflösen. Eine eckige Terrinenform mit Klarsichtfolie auslegen und den Fond 1 cm hoch eingießen. Kurz warten und dann die Hälfte der Tomatenwürfel aufs Gelee verteilen.
Den Spargel der Länge nach aufschneiden und nebeneinander zwei Spargelstangen auf das Gelee legen. Den Spargel mit dem Fond aufgießen bis der Spargel bedeckt ist, die restlichen Tomatenwürfel darauf verteilen und kühl stellen. Die vorbereitete Avocadocreme gleichmäßig auf dem Gelee ca. 1 cm hoch verteilen.

Den gekochten weißen Spargel mit dem Spargelfond im Standmixer pürieren und durch ein Sieb streichen. Die Sahne schlagen. Die Spargelmasse mit Salz, Pfeffer, Zitronensaft und Zucker abschmecken. Die Gelatine in kaltem Wasser einweichen. In einem Topf vier Esslöffel von der Spargelmasse erwärmen, darin die ausgedrückte Gelatine auflösen und zur Spargelmasse geben. Die Sahne unterheben und in einen Spritzbeutel füllen. Die Terrinenform mit der Avocadocreme mit der Spargelcreme auffüllen und mindestens drei Stunden kühl stellen.
Den Thaispargel auf 4 cm Länge schneiden. Sesamöl erhitzen und den Spargel darin anbraten. Mit Salz und Pfeffer abschmecken.

Anrichtevorschlag
Zum Anrichten das Schwanz- und Scherenfleisch der Krebse in etwas Butter erwärmen und mit je einem Kopf anrichten. Mit Dill garnieren. Rundherum einige Tropfen der Langustino-Mayonnaise geben. Daneben Avocado-Spargel-Würfel platzieren, wiederum daneben den Thaispargel angereiht auflegen und darauf die Wachtelbrust setzen. Mit einem Strich Glace vollenden.

SIGNALKREBS

GLASIERTE WACHTELBRUST AN AVOCADO-SPARGEL-WÜRFEL

Als ich Gmunden 1999 erstmals mit meiner Frau besuchte, war mir sofort klar – das ist die Region, in der ich leben will. Diese kleine Stadt mit ihrem fast südlichen Charme hatte mich sofort in ihren Bann gezogen. Die einmalige Lage am Ufer des Traunsees, umgeben von Bergen, insbesondere dem mächtigen Traunstein, hat ein besonderes Flair und zieht zu jeder Jahreszeit ihre Urlauber in den Bann. In der Mitte des Sees ragt das Schloss Ort heraus, das unzählige Male als Kulisse für das Fernsehen diente, insbesondere für die Fernsehserie „Schlosshotel Orth“, und inzwischen zu Weltruhm gelangte.

Aus Resten eines Römerkastells hervorgegangen, wurde das Schloss urkundlich erstmals um 909 als „Veste Ort“ erwähnt. Die Seeresidenz besitzt einen überaus malerischen dreieckigen Innenhof mit Laubengängen und spätgotischer Außentreppe. Nach einem Brand erfolgte 1634 die Wiederherstellung. Die Schlosskapelle, eine spätgotische Anlage, enthält eine wunderschöne „Maria mit dem Kinde“ und Reste von freigelegten Renaissance-Fresken. Erzherzog Johann Salvator erwarb das Gebäude 1876, erzählt mir Gmundens Tourismusdirektor Andreas Murray bei unserem Treffen auf der Brücke zum Schloss Ort. Weiters erzählt er mir, dass Gmunden ursprünglich eine bedeutende Keltensiedlung war. Vom ehemaligen befestigten Salzhandelsplatz zeugen viele spätgotische Wohnhäuser mit der Schmalseite zur Straße und Fenstergewänden aus Marmor, zum Teil mit hervorragendem Obergeschoß.

Während Andreas so erzählt, schaufelt sich der in den Jahren 1870/71 erbaute und damit einer der ältesten Raddampfer der Welt durch den Traunsee an uns vorbei. Andreas unterbricht und erklärt mir, dass es nach der Tochter Kaiser Franz Josephs benannt wurde – „Gisela". Immer noch im Linienverkehr der Traunsee-Schifffahrt tätig, „verführt" sie ihre Gäste wie anno dazumal.

Die Gmundner Keramik-Manufaktur genießt ebenso Weltruhm und ist in Gmunden allgegenwärtig. Bei einem Spaziergang durch die Stadt wird dies überdeutlich. Ob Keramikmuseum, die Keramikwerkstätten in der Altstadt oder das Keramikhotel „Goldener Brunnen". Beeindruckend finde ich das Keramikglockenspiel am Rathaus, man merkt zu jeder Zeit, dass wir in DER Keramikstadt Österreichs sind.

Auf diesem Wege möchte ich mich für die tolle Unterstützung durch den Tourismusdirektor Gmundens, Andreas Murray, bedanken. Seit ich hier am Traunsee tätig bin, finde ich bei ihm immer ein offenes Ohr.

Zutaten
Für 4 Portionen

Hinweis: Bitte die Zeit zum Wässern des Kalbsbries berücksichtigen (etwa 6 Stunden).

Kalbsbries
400 g Kalbsbries
2 l Wasser
150 ml trockener Weißwein
2 Lorbeerblätter
1 Nelke
1 ½ EL Salz
2 Eier
Salz
weißer Pfeffer aus der Mühle
1 EL Zitronensaft
50 g fein geriebener Parmesan
50 g glattes Mehl
100 ml Rapsöl

Rote-Bete-Gelee
250 ml Gemüsefond
1 Knoblauchzehe
¼ TL Kreuzkümmel
1 Stange Zitronengras
6 weiße Pfefferkörner
6 Korianderkörner
Salz
½ TL Honig
250 g Rote Bete
Saft einer halben Limette
1 EL Apfelbalsamicoessig
15 Blatt Gelatine

Wildkräutersalate
200 g diverse Salate (Frisée, Lollo rosso, Radicchio gemischt mit Löwenzahn, Sauerampfer, Brunnenkresse, Gänseblümchen)
2 fein gehackte Schalotten
Salz
schwarzer Pfeffer aus der Mühle
1 TL Dijonsenf
3 EL weißer Balsamicoessig
10 EL Rinderbrühe
60 ml Olivenöl
60 ml Haselnussöl
2 EL fein gehackte Kräuter (Petersilie, Kerbel, Schnittlauch, Estragon)

Garnitur
50 g Crème fraîche
Salz
weißer Pfeffer aus der Mühle
1 TL Zitronensaft
etwas Wasabipulver
100 ml Rote-Bete-Saft
1 TL Honig
1 TL weißer Balsamicoessig
20 g Butter
10 g geriebener Meerrettich

Zubereitung
Nachdem das Kalbsbries etwa 6 Stunden gewässert wurde, Häutchen, blutige und knorpelige Stellen entfernen. Das Bries in einen Topf geben, mit Wasser und Weißwein aufgießen, Lorbeerblätter und Nelken zugeben und bei mittlerer Hitze zum Kochen bringen. Den entstehenden grauen Schaum abschöpfen. Salz zugeben und für 20 Minuten bei kleinster Hitze ziehen lassen. Dann das Kalbsbries aus dem Sud nehmen und in 1 cm dicke Scheiben schneiden. Eier verquirlen und mit Salz, Pfeffer, Zitronensaft und geriebenem Parmesan vermengen. Die Kalbsbriesscheiben mit Salz und Pfeffer würzen, nacheinander in Mehl wenden und dann durch die Ei-Parmesan-Masse ziehen. Das Öl erhitzen und die Kalbsbriesscheiben goldgelb ausbacken und auf Küchenpapier abtropfen lassen.

KALBSBRIES /

Gemüsefond mit angedrückter Knoblauchzehe, Kreuzkümmel, Zitronengras, Pfefferkörnern, Korianderkörnern, Salz und Honig für zehn Minuten aufkochen. Rote Bete schälen und in kleine Würfel schneiden. Den Gemüsesud durch ein Sieb filtern und die Rote-Bete-Würfel darin etwa 10 Minuten weich kochen.
Die Gelatine in kaltem Wasser einweichen. 200 ml des Rote-Bete-Fonds mit Limettensaft, Balsamicoessig, Salz und Pfeffer abschmecken und die ausgedrückte Gelatine darin auflösen. Diesen Sud ca. 1,5 cm hoch auf ein Backblech gießen, darin die gewürfelte Rote Bete verteilen und an einem kühlen Ort erstarren lassen. Mit einem Ausstechring gewünschter Größe ausstechen.

Salate putzen, mehrmals waschen, schleudern oder in einem Küchentuch trocken schütteln. Aus Senf, Rinderbrühe, Essig und Öl eine Kräutervinaigrette herstellen und glatt rühren. Zum Schluss die gehackten Kräuter daruntermischen. Kurz vor dem Servieren die Salate mit Salz und Pfeffer würzen und mit der Vinaigrette vermengen.

Crème fraîche mit Salz, Pfeffer, Zitronensaft und Wasabipulver vermischen. Rote-Bete-Saft mit Honig und Balsamicoessig in einem Topf auf die Hälfte einreduzieren und dann mit der kalten Butter aufmontieren.

Anrichtevorschlag
Die Salate in der Tellermitte platzieren. Die ausgestochene Rote Bete auf der einen und die gebackenen Kalbsbriesscheiben auf der anderen Seite anrichten. Dazwischen je einen Strich der Crème fraîche und des Rote-Bete-Jus setzen. Mit dem geriebenen Meerrettich bestreuen.

Weinempfehlung
Dieses Gericht verlangt nach einem pfeffrigen Grünen Veltliner. Solche Sortenvertreter finden wir vor allem im österreichischen Weinviertel. Der Weinviertel DAC Fuchsenberg vom Weingut Hebenstreit passt ausgezeichnet zum Kalbsbries, weil die Würzigkeit des Weines den zarten Geschmack des Kalbsbries betont und vor allem hervorragend zum Wildkräutersalat passt.

GEBACKEN
AN ROTE-BETE-GELEE UND WILDKRÄUTERSALATEN

Zutaten
Für 4 Portionen

Blunze
650 g fettes Fleisch (Schweinskopf, Hals, Schweinslunge, Milz, Schwarte)
7 Brötchen
etwas Rindssuppe zum Einweichen
2 Zwiebeln
1 Knoblauchzehe
1 TL Schweineschmalz
500 ml Schweineblut
schwarzer Pfeffer aus der Mühle
2 TL Thymian
2 TL Majoran
gereinigte Rinderdärme
2 l Wasser
Salz nach Geschmack
8 Pfefferkörner
4 Lorbeerblätter
3 Thymianzweige
3 Majoranzweige
2 EL Olivenöl

Dashi-Sud
1 Kombu-Seetang
800 ml Wasser
1 Stange Zitronengras
2 Limettenblätter
1 Kardamomkapsel
10 g Bonito-Flocken (Blaufisch)

Geschmorter Chicorée
4 Chicorée
Dashi-Sud
50 g Butter
Salz
schwarzer Pfeffer aus der Mühle
1 Majoranzweig

Wasabi-Röstzwiebeln
½ Zwiebel
1 EL Mehl
1 TL gehackter Majoran
½ TL Wasabipulver
250 ml Sonnenblumenöl
4 Petersilienzweige

Zubereitung
Für die Blunzn das Fleisch selbst zu feinem Hackfleisch verarbeiten oder bereits vom Fleischer vorbereiten lassen. Die Brötchen klein schneiden und in der Rinderbrühe einweichen. Die Zwiebeln und den Knoblauch fein würfeln, im Schmalz anbraten und über die ausgedrückten Brötchen und das Hackfleisch geben. Blut, Salz, Pfeffer, Thymian und Majoran dazugeben und die Mischung mit den Händen gut durchkneten. Die Masse in einen Spritzbeutel geben und in die gereinigten Därme füllen. Das Wasser in einem großen Topf erhitzen, mit Salz, Pfefferkörnern, Lorbeerblättern, Thymian- und Majoranzweigen würzen und die Blunze bei 80 °C etwa 30 Minuten darin ziehen lassen. Anschließend Olivenöl in einer Pfanne erhitzen und die Blunze im Ganzen oder in Scheiben von allen Seiten kräftig anbraten.

Kombu-Seetang mit einem Tuch abwischen. Wasser mit Zitronengras, Limettenblätter und Kardamom kurz aufkochen

BLUNZN /

und dann über den Kombu gießen. Nach etwa 5 Minuten den Kombu entfernen und die Bonito-Flocken zugeben (sinken nach etwa einer Minute zu Boden). Den Sud dann durch ein Tuch filtern.

Chicoréestrünke mit einem spitzen Messer kegelförmig ausschneiden. Chicorée in einen Bräter geben und mit dem Dashi-Sud bedecken. Die Hälfte der Butter auf dem Chicorée verteilen, mit Salz und Pfeffer abschmecken, Majoran zugeben und im vorgeheizten Backrohr zugedeckt ca. 15 Minuten bei 160 °C Heißluft schmoren. Dann den Deckel entfernen, die restliche Butter auf dem Chicorée verteilen und bei 230 °C auf allen Seiten braun werden lassen.
Zwiebel schälen und mit einer Schneidemaschine in dünne Scheiben schneiden. Mehl, Majoran und Wasabipulver vermischen. Die Zwiebelringe darin wenden, im heißen Öl ausbacken und auf Küchenpapier abtropfen lassen.

Anrichtevorschlag
Den Chicorée halbieren und in tiefen Tellern anrichten. Darauf die gebratene Blutwurst legen und mit den Wasabi-Röstzwiebeln bestreuen. Mit etwas Dashi-Sud übergießen und mit Petersilienzweigen dekorieren.

HAUSGEMACHT

AUF GESCHMORTEM CHICORÉE UND DASHI-SUD

Bei der Fleischhauerei und beim Gasthaus Silmbroth von Fritz & Fritz in Viechtwang bin ich schon seit einigen Jahren ein guter Kunde. Ein absolutes Highlight war es, als ich live bei der „Blunzn"-Produktion dabei sein durfte. An diesem „Tag der Kesselhoase" wurde Wurst in allen Variationen produziert, von der Debreziner, Frankfurter über „Schoarfe" bis zu Eigenkreationen wie Mozzadori oder Rauch-Käsekrainer, um nur eine kleine Auswahl des 75 Sorten umfassenden Sortiments zu nennen.

Das besondere an diesem Tag ist, dass das frische Brät morgens in die Därme kommt, danach direkt „geselcht" und dann gekocht wird. Viechtwang entwickelt sich langsam aber sicher zu einem Wallfahrtsort für Wurst-Freaks! Die Gäste kommen an diesem Tag nicht nur aus den umliegenden Dörfern und Städten, weit gefehlt – manche treten früh morgens die Reise aus Niederösterreich oder sogar aus Wien an, um sich ab 9 Uhr durch die urige Gaststube, direkt in die Fleischhauerei zum „Kessel" zu begeben oder vielmehr zu drängeln.
Bevor man sich aber seine Würste sozusagen vor Ort aussucht, geht's vorbei an frischen Krenwurzen „Meerrettich", diversen Senfsorten sowie Gebäck – man bedient sich selbst und „reißt" seinen Kren, erst dann geht's zur Wurst. „Ich glaube, das ist das erste Mal, dass ich um 9 in der Früh einen halben Liter Bier trinke", erzählt mir unser Fotograf Thomas Ruhl, während wir uns das Spektakel anschauen und unsere Wurst genießen.

WENN'S UM DIE WURST GEHT

Während sich Fritz sen. zu uns zum Plaudern setzt, schieben sich die Massen an uns vorbei Richtung Fleischhauerei. „Die Leute schätzen unsere Wurst schon seit Jahrzehnten", erzählt mir Fritz, „die sind halt wirklich frisch – die meisten anderen sind ja nur aufgewärmt", erklärt er mir während er so ganz nebenbei all seine Gäste begrüßt.

Seit 1900 ist die Fleischhauerei mit dazugehörigem Wirtshaus im Besitz der Silmbroths, der Ursprung als Gasthaus geht allerdings auf das Jahr 1448 zurück, wie die Ahnentafel verrät. „Unser Schlachtvieh kommt aus unmittelbarer Umgebung", fährt Fritz fort, „unsere Stärke ist die Frische – vom Stall bis auf den Teller, ob bei uns im Wirtshaus oder beim Kunden zu Hause, wir sehen uns als Qualitäts-Nahversorger!" Mit seinem Sohn Fritz und dessen Ehefrau Heidi (s. Bild) samt Kindern ist die Nachfolge auch schon gesichert, was ihn persönlich natürlich sehr freut „bei der Tradition" wie er mir noch entgegenwirft, bevor er wieder aufspringt und Gäste wie spielend bedient. Auch sein Sohn Fritz lebt die vorgegebene Philosophie seines Vaters. „Gut und frisch muss es sein", umschreibt er kurz ihren Erfolg, „und im Wirtshaus gibt's ehrliche Hausmannskost. Das passt zu uns", ergänzt er.

REINANKE MIT PETERSILIENKRUSTE

AUF PAPRIKALETSCHO UND SPANISCHER MOJO VERDE

Zutaten
Für 4 Portionen

Reinanke
4 grätenfreie Reinanken-filets
150 g Toastbrot
abgeriebene Schale und Saft einer Zitrone
1 rote Chilischote
4 EL fein gehackte Petersilie
60 g Butter
Meersalz
schwarzer Pfeffer aus der Mühle
Olivenöl

Paprikaletscho
1 roter Paprika
1 gelber Paprika
2 Tomaten
100 g Zwiebeln
50 g Speck
1 EL Rapsöl
1 Msp. Paprikapulver
Salz

Mojo Verde (siehe Rezept Seite 75)

Konfierte Tomaten
8 kleine Rispentomaten
2 Knoblauchzehen
4 EL Olivenöl
1 Rosmarinzweig
Meersalz

Zubereitung
Die Filets mit Salz und Pfeffer würzen. Für die Kruste das Toastbrot entrinden. Chilischote halbieren, entkernen und mit der Petersilie fein hacken. Alle Zutaten mit der zerlassenen Butter in einem Mixer zerkleinern. Die Krustenmasse auf die Hautseite der Reinanken streichen und den Fisch im heißen Öl auf dieser Seite braten, bis er eine schöne Farbe hat.

Die Paprika vierteln, entkernen, in kleine Würfel schneiden und sortenrein zur Seite stellen. Den Ansatz der Tomaten kegelförmig ausschneiden und die Haut kreuzförmig einritzen. Tomaten in kochendem Wasser für etwa 20 Sekunden blanchieren, in Eiswasser abkühlen, häuten, vierteln, entkernen und in Würfel schneiden. Die Zwiebel und den Speck in feine Würfel schneiden. Zwei kleine Töpfe mit jeweils etwas Öl erhitzen und je die Hälfte des Specks darin auslassen. Jeweils die Hälfte der Zwiebeln dazugeben und goldbraun braten. Mit Paprikapulver bestäuben, jeweils eine Paprikasorte sowie je die Hälfte der Tomaten zugeben und für einige Minuten weich kochen. Mit Salz abschmecken.

Die Rispentomaten mit dem Grün in eine Pfanne geben (ist später eine tolle Dekoration). Den Knoblauch mit der Schale leicht andrücken und gemeinsam mit dem Olivenöl über die Tomaten geben. Den Rosmarin dazugeben und mit Salz abschmecken. Den Backofen auf 180 °C aufheizen und die Tomaten darin leicht aufplatzen lassen.

OBERÖSTER-REICHISCHE DIM SUM

AUF PAK-CHOI UND APRIKOSEN-CHILI-CHUTNEY

Zutaten
Für 4 Portionen

Dim Sum
250 g glattes Mehl
1 Ei
1 TL Salz
eiskaltes Wasser
160 g Schweinerippchen
Salz
weißer Pfeffer aus der Mühle
½ TL gemahlener Kümmel
2 Knoblauchzehen
200 g Weißkohl
1 Zwiebel
1 TL Schweineschmalz
½ TL Paprikapulver
½ TL Kümmel
schwarzer Pfeffer aus der Mühle

Pak-Choi
400 g Pak-Choi
50 g Butter
Salz
weißer Pfeffer aus der Mühle
1 Msp. Muskatnuss
50 g Butter

Zubereitung
Aus Mehl, Ei, Salz und eiskaltem Wasser einen geschmeidigen Teig zubereiten, eine Kugel formen und 30 Minuten rasten lassen. Die Schweinerippchen in Salzwasser für etwa 30 Minuten vorkochen und dann mit Salz, Pfeffer und Kümmel würzen. Eine Knoblauchzehe pressen, die Rippchen damit einreiben und auf ein befettetes Backblech legen. Die Rippchen im vorgeheizten Backofen bei 180 °C für 30 bis 40 Minuten braten und auskühlen lassen. Fleisch von den Rippen entfernen und beiseite stellen. Den Weißkohl in feine Streifen schneiden, mit Salz würzen, 30 Minuten durchziehen lassen und danach ausdrücken. Zwiebel fein hacken. Schmalz in einer Pfanne erhitzen und Zwiebel sowie Kohl darin andünsten. Mit Paprikapulver, Kümmel, Salz und Pfeffer und der zweiten gepressten Knoblauchzehe abschmecken. Das Fleisch klein hacken und mit den Kohlstreifen mischen. Den Teig dünn ausrollen und Kreise (Ø 10 cm) ausstechen. Auf jeden Kreis 1 EL der Fleisch-Kohl-Fülle geben und den Teig wie einen Sack zu Dim Sum zusammendrücken.
Den Pak-Choi halbieren. Die Butter zerlassen und mit Salz, Pfeffer und Muskat abschmecken. Damit den Pak-Choi von allen Seiten bepinseln. Eine große Pfanne mit Wasser etwa 2 cm hoch befüllen, einen Bambusdämpfer hineinstellen und in jede Etage etwas gewürzten Pak-Choi geben. Die Dim Sum auf den Pak-Choi setzen, den Deckel zumachen und für etwa 30 Minuten dünsten, dann servieren. Das Aprikosen-Chili-Chutney (siehe Seite 76) separat dazureichen.

Tipp: Alternativ zum Bambusdämpfer kann auch ein flaches Sieb mit Pak-Choi und Dim Sum ausgelegt werden. Dieses am besten in den Topf hängen und über Dampf garen.

Zutaten
Für 4 Portionen

Hummer-Frühlingsrolle
1 Hummer
Wasser
10 g Meersalz
1 TL Kümmel
1 Lorbeerblatt
40 g Butter
30 g gehackte Schalotten
1 TL Mehl
1 EL Sherry
1 EL trockener Weißwein
100 ml Fischfond
60 g geriebener Parmesan
1 EL gehackte Petersilie
1 EL Schlagsahne
1 TL Dijonsenf
4 Blatt Frühlingsrollenteig
1 Eiweiß
Rapsöl

Spargel
4 weiße Spargel
1 EL Olivenöl
etwas Puderzucker
Salz
weißer Pfeffer aus der Mühle

Red-Curry-Hollandaise
2 EL Essig
100 ml Kokosmilch
100 ml trockener Weißwein
4 weiße Pfefferkörner
1 Schalotte
250 g Butter
1 TL Red-Curry-Paste
½ TL Rapsöl
4 Eigelb
Salz
Spritzer Zitronensaft

Paprikasauce
1 roter Paprika
140 ml Fischfond
50 g Butter
etwas Olivenöl
Salz
schwarzer Pfeffer aus der Mühle
1 Kerbelzweig

Zubereitung
Wasser in einem großen Topf mit Meersalz, Kümmel und Lorbeerblatt zum Kochen bringen. Hummer mit dem Kopf zuerst in das sprudelnde Wasser einlegen. Bei geschlossenem Deckel 2 Minuten ziehen lassen. In Eiswasser abschrecken. Hummer halbieren und ausbrechen. Das Hummerfleisch in etwa 2,5 cm große Würfel schneiden. Die Butter in einer großen Pfanne zerlassen und darin die Schalotten glasig anbraten, aber nicht braun werden lassen. Das Mehl hineinrühren, dann mit Sherry, Weißwein und Fischfond auffüllen. Hummerfleisch hinzufügen und 3 bis 4 Minuten unter ständigem Rühren ein bisschen köcheln lassen. Käse, Petersilie und Sahne beifügen. Die Pfanne von der Kochstelle nehmen, Senf zur Hummermischung geben und gut vermischen. Diese Hummermischung in einen Spritzbeutel füllen und etwas auskühlen lassen. Dann die Blätter des Frühlingsrollenteig ausbreiten. Die Hummermasse darauf mittig im unteren Bereich daumendick aufspritzen. Das Eiweiß mit etwas Wasser aufsprudeln und damit den Teig rundherum leicht bepinseln. Den unteren Teil des Teiges nun über die Füllung legen, beide Seiten nach innen überklappen, erneut mit Eiweiß bepinseln und nun zu einer Rolle rollen. Die Frühlingsrollen in Fett ausbacken.

Den Spargel schälen und am unteren Ende ca. 2 cm abschneiden und halbieren. Das Öl in einer Grillpfanne erhitzen, den Spargel dazugeben und mit dem Puderzucker bestäuben. Den Spargel so lange braten, bis er eine schöne Farbe hat und auf Biss gegart ist, mit Salz und Pfeffer würzen.

Den Essig mit der Kokosmilch aufsetzen. Die Pfefferkörner zerstoßen, die Schalotte schälen und in feine Streifen schneiden und beides hinzufügen. Das Ganze zum Kochen bringen und auf die Hälfte einreduzieren. Die Butter in einem Topf erhitzen und bei leichtem Köcheln klären, anschließend durch ein feines Sieb gießen und etwas abkühlen lassen. Die Red-Curry-Paste in einem Topf mit dem Rapsöl kurz anbraten, darauf die Essig-Kokosmilch-Reduktion mittels Sieb leeren, kurz aufkochen und abkühlen lassen. Sobald die Reduktion lauwarm ist, auf die Eidotter gießen und miteinander verrühren. Anschließend über einem Wasserbad zu einer dicklichen Masse schlagen. Vom Wasserdampf nehmen und die warme Butter zuerst tropfenweise, dann im dünnem Strahl unter ständigem Rühren zufügen. Die Sauce mit Salz und einem Spritzer Zitronensaft abschmecken.

Paprikaschote mit dem Sparschäler abschälen. Entkernen und im Mixer mit etwas Fischfond pürieren. Durch ein Sieb in eine Kasserolle streichen und einreduzieren. Die reduzierte Paprikasauce mit kalter Butter und Olivenöl mit dem Stabmixer aufmontieren. Salzen, pfeffern und erneut mit dem Stabmixer mixen, bis sie schaumig aufgeschlagen ist, dann mit Kerbelzweig dekorieren.

Anrichtevorschlag
Die Frühlingsrollen der Länge nach schräg aufschneiden, auf den gebratenen Spargel ansetzen und mit der Red-Curry-Hollandaise verzieren.

Weinempfehlung
Zu Komponenten wie Hummer und Red-Curry-Hollandaise passt am besten ein kraftvoller Weißwein. Zu diesem Gericht kann ich mir einen Chablis Les Forêts 1er Cru von Louis Michel & Fils sehr gut vorstellen, weil der elegante Fruchtschmelz die Red-Curry-Hollandaise puffert und die tolle Mineralik den süßlichen Geschmack des Hummers betont.

HUMMER-FRÜHLINGSROLLE

AUF GEBRATENEM SPARGEL UND RED-CURRY-HOLLANDAISE

Mike's
Die Kochschule

LÖFFELWEISE

HEISS UND FLÜSSIG

Kartoffeln

Tomaten

Chili

Fische

Trüffel

Steinpilze

Krabben

KARTOFFEL-MAJORAN-SUPPE
MIT NORDSEEKRABBEN

Zutaten
Für 4 Portionen

Kartoffel-Majoran-Suppe
1 fein gewürfelte Zwiebel
50 ml Olivenöl
80 g Staudensellerie
80 g Karotte
1 Majoranzweig
100 ml trockener Weißwein
800 ml Bouillon (Rind, Geflügel oder Gemüse)
200 g festkochende Kartoffeln
80 g Lauch
Salz
weißer Pfeffer aus der Mühle
etwas Muskatnuss

Nordseekrabben
200 g Nordseekrabben
30 g Butter
½ TL Majoran

Zubereitung
Öl erhitzen und Zwiebel darin glasig andünsten, Staudensellerie und Karotte schälen, in 2 cm große Rauten schneiden und gemeinsam mit dem Majoran dazugeben, kurz anschwitzen, anschließend mit dem Wein ablöschen und mit der Brühe aufgießen. Geschälte und ebenfalls in Rauten geschnittene Kartoffeln dazugeben. Suppe nun kochen lassen, bis die Kartoffeln noch einen leichten Biss haben. Den Lauch ebenfalls in Rauten scheiden und in der letzten Minute des Kochens dazugeben.

Geschälte Nordseekrabben in der zerlassenen Butter bei geringer Temperatur anschwitzen. Majoran fein hacken und unter die Krabben mischen. Als Einlage in die Suppentassen geben und mit der Suppe auffüllen.

CAPPUCCINO / SUPPE
VON GETROCKNETEN TOMATEN UND GIN-KOKOS-SCHAUM

Zutaten
Für 4 Portionen

Cappuccino
2 fein gewürfelte Schalotten
1 fein gehackter Knoblauch
2 EL Olivenöl
100 g getrocknete Tomaten
2 EL Tomatenmark
8 große Strauchtomaten
1 l Hühnerbrühe
Meersalz
schwarzer Pfeffer aus der Mühle
20 g geschälter und fein geriebener Ingwer
3 Basilikumzweige
100 g geschälter und fein gewürfelter Stangensellerie

Gin-Kokos-Schaum
300 ml Kokosmilch
75 ml Gin
20 ml Olivenöl
½ kleine zerdrückte Chili
je 1 EL gehackte Minze und Koriander
1 Limettenblatt
3 g Reismehl
Spritzer Limettensaft
1 Msp. Salz
90 g Schlagsahne
1 TL Feinkristallzucker

Zubereitung
Getrocknete Tomaten sowie die Strauchtomaten in grobe Stücke schneiden. Schalotten und Knoblauch in Olivenöl anschwitzen. Getrocknete Tomaten dazugeben und kurze Zeit mit anschwitzen. Tomatenmark hinzufügen. Frische Tomaten dazugeben und mit der Brühe auffüllen. Suppe mit Salz und Pfeffer würzen, Ingwer sowie Basilikumzweige dazugeben und etwa 40 Minuten kochen lassen. Suppe mit einem Stabmixer fein pürieren und durch ein feines Sieb passieren. Stangensellerie kurz in kochendem Wasser blanchieren, im kalten Eiswasser abschrecken und als Suppeneinlage dazugeben.

Kokosmilch mit Gin, Olivenöl, Chili, Minze, Koriander und Limettenblatt aufkochen und kurz ziehen lassen. Angerührtes Reismehl unterrühren und erneut kräftig aufkochen lassen. Mit Limettensaft und Salz abschmecken. Zum Auskühlen kalt stellen, dann durch ein Sieb passieren. Schlagsahne dazugeben und in einen ½-l-ISI-Gourmet-Whip füllen. Mit 1 Sahnekapsel aufschäumen und kräftig schütteln, anschließend auf die Suppe geben.

Weinempfehlung
Mit dieser cremigen Suppe harmoniert ein aromatischer Sauvignon blanc. Die lebendige Säure eines Sauvignon blancs passt zu der sämigen Konsistenz der Suppe und verstärkt den Geschmack der Nordseekrabben. In diesem Fall würde ich einen Sauvignon blanc Steirische Klassik 2007 vom Weingut Tement aus der Südsteiermark empfehlen.

MIKES FISCHSUPPE / WECKGLAS

POCHIERT & SERVIERT

Zutaten
Für 4 Portionen

Fischsuppe
½ kg Seezungengräten
2 EL Olivenöl
½ Stange klein geschnittener Lauch
40 g klein geschnittener Fenchel
40 g klein geschnittener Stangensellerie
1 klein geschnittene Petersilienwurzel
2 geschälte und klein gehackte Schalotten
1 geschälte und gehackte Knoblauchzehe
500 ml Fischfond
250 ml trockenen Weißwein
30 ml Thai-Fischsauce
2 cl Pernod
2 cl Noilly Prat
2 cl trockener Sherry
1 Lorbeerblatt
2 Limettenblätter
2 Kardamomkapseln
2 Thymianzweige
1 Stange Zitronengras
einige Safranfäden
Meersalz
weißer Pfeffer aus der Mühle

Einlage
100 g Gemüse (Lauch, Stangensellerie, Karotte, rote & gelbe Paprika)
2 EL fein gewürfelte Schalotten
2 EL Olivenöl
100 g Seeteufelfilet
100 g Seezungenfilet
100 g Kabeljau
100 g Venusmuscheln
4 Scampi (Größe 8/12) ohne Kopf und Schale
4 Jakobsmuscheln
Meersalz
weißer Pfeffer aus der Mühle
Spritzer Zitronensaft
20 g Kräuter (Estragon, Dill, Kerbel, Petersilie)

Zubereitung
Die Gräten waschen und klein schneiden, in Olivenöl zusammen mit den Gemüsen, Schalotten und gehacktem Knoblauch anschwitzen. Mit Fischfond, Weißwein, Thai-Fischsauce, Pernod, Noilly Prat und Sherry auffüllen. Die Kräuter und Gewürze dazugeben, einmal aufkochen lassen und 30 Minuten auf kleiner Stufe köcheln lassen. Zum Schluss durch ein Passiertuch gießen.

Gemüse in Rauten schneiden und gemeinsam mit den Schalottenwürfeln im Olivenöl anschwitzen. Mit der fertigen Fischsuppe auffüllen und kurz aufkochen. Die Fischfilets in etwa 2,5 x 2,5 cm große Würfel schneiden. Venusmuscheln gut waschen, Scampi am Rücken einschneiden und ausspülen, Jakobsmuscheln halbieren. Fische, Venusmuscheln, Scampi und Jakobsmuscheln mit Salz, Pfeffer und Zitronensaft würzen und anschließend alles auf 4 Weckgläser verteilen. Die Gemüse-Fisch-Suppe darauf verteilen und gut verschließen. Bei etwa 80 °C für 3 Minuten dämpfen. Kurz vor dem Servieren die Kräuter hacken und über die Suppe streuen.

Tipp: Ein gutes Baguette mit einer Sauce Aioli passt ausgezeichnet dazu.

BRENNNESSELSUPPE

MIT ZANDERWEISSWURST UND FEIGENSENF

Zubereitung
Für 4 Portionen

Brennnesselsuppe
2 Handvoll Brennnesselspitzen
2 fein gehackte Schalotten
1 EL Olivenöl
3 EL trockener Weißwein
600 ml Geflügelfond
Salz und Pfeffer nach Geschmack
1 TL Petersilie
Maisstärke
30 g Butterwürfel

Zanderweißwurst
400 g Zanderfilet ohne Haut
200 ml Schlagshne
80 g Sauerrahm
20 g flüssige Butter
1 Eiweiß
etwas Noilly Prat
Salz, Pfeffer
1 EL fein gehackte Petersilie
gewaschene Rinderdärme

Feigensenf
100 g grob gewürfelte Feigen
1 fein gewürfelte Schalotte
etwas Olivenöl
3 EL Himbeeressig
1 EL Ahornsirup
40 g kleine Mangowürfel
40 g kleine Tomatenwürfel
1 EL Honig
½ TL geriebenen Ingwer
½ TL zerstoßene rosa Pfefferbeeren
100 g Dijonsenf
100 g grobkörniger Senf

Zubereitung
Die Brennnesseln kurz in kochendem Wasser blanchieren und anschließend in Eiswasser abschrecken und beiseite stellen. Die Schalotten im Olivenöl glasig anschwitzen, mit dem Wein ablöschen und mit dem Geflügelfond auffüllen. Mit Salz und Pfeffer abschmecken. Die Petersilie hinzugeben und danach mit etwas angerührter Maisstärke auf die gewünschte Konsistenz abbinden.

Den Zander in grobe Würfel schneiden, mit der Sahne, dem Sauerrahm, der flüssigen Butter sowie dem angeschlagenen Eiweiß und etwas Noilly Prat mischen und gut würzen. In einer Küchenmaschine zu einer feinen Farce verarbeiten. Anschließend durch ein Sieb streichen und die Petersilie unterheben. Diese Zandermasse in einen Spritzbeutel geben und damit die Därme füllen und auf die gewünschte Länge abdrehen. Die Würste in siedendem Salzwasser gar ziehen lassen.

Für den Feigensenf Schalottenwürfel in etwas Olivenöl anschwitzen und Feigenwürfel hinzugeben. Mit dem Essig ablöschen und gemeinsam mit dem Ahornsirup ca. 10 Minuten köcheln lassen. Anschließend die Mango- und Tomatenwürfel, Ingwer sowie rosa Pfefferbeeren dazugeben und erneut köcheln lassen, bis die Früchte schön weich sind. Zum Schluss alles vom Herd nehmen und mit den beiden Senfsorten vermischen.

Anrichtevorschlag
Kurz vor dem Servieren die Brennnesseln und die Butterwürfel in die Suppe geben und mit einem Stabmixer aufmontieren. Die Suppe mit der Weißwurst und dem Feigensenf servieren.

Tipp: Servieren Sie den Feigensenf in einer ausgehöhlten Feige. Schaut echt lecker aus.

Tipp: Die Schlagsahne kann teilweise durch QimiQ ersetzt werden. Damit wird das Gericht leichter und saftiger. Auch die Konsistenz der fertigen Würste wird positiv beeinflusst und der Eigengeschmack des Zanders bleibt besser erhalten.

LINSENSÜPPCHEN / CURRY-SENF-FRÜCHTE

Zutaten
Für 4 Portionen

Hinweis: Die Senffrüchte am besten zwei Wochen durchziehen lassen.

Linsensüppchen
2 TL Rapsöl
1 fein gehackte Zwiebel
1 fein gehackte Knoblauchzehe
2 TL gemahlener Kreuzkümmel
1 EL geriebener Ingwer
200 g abgespülte rote Linsen
1,5 l Geflügelbrühe
2 geschälte und fein gewürfelte Karotten
1 EL Zitronensaft
2 EL grob gehackte, glatte Petersilie
Meersalz
schwarzer Pfeffer aus der Mühle
1 Msp. Kurkuma
4 EL Naturjoghurt
1 TL geriebener Ingwer
½ fein zerdrückte Knoblauchzehe
1 Msp. Zimt
1 TL gemahlener Kreuzkümmel
1 TL gemahlener Koriander
1 Msp. gemahlene Nelken
Salz, Pfeffer

2 EL frischer Koriander

Curry-Senf-Früchte
(siehe Rezept Seite 74)

Zubereitung
Das Öl erhitzen und die Zwiebel, Knoblauch und Kreuzkümmel darin 2 Minuten andünsten. Den Ingwer, Linsen und die Brühe dazugeben und 5 Minuten kochen lassen. Die Karotten hinzufügen und alles so lange kochen, bis die Karotten weich sind. Den Zitronensaft und die Petersilie darunterrühren, mit Salz, Pfeffer und Kurkuma abschmecken. Das Joghurt mit den restlichen Zutaten bis auf den frischen Koriander, verrühren. Zum Schluss auf die angerichtete Suppe etwas von dem Gewürzjoghurt geben und mit dem frischen Koriander bestreuen. Die Curry-Senf-Früchte separat dazu servieren.

KRABBENSCHAUMSUPPE / BÜSUMER
MIT KRABBENKNÖDEL UND PARMESANCHIPS

Zutaten
Für 4 Portionen

Krabbenschaumsuppe
3 EL Olivenöl
1 fein gehackte Zwiebel
1 fein gehackte Knoblauchzehe
1 geschälte, gewürfelte Petersilienwurzel
½ Stange Lauch, in feine Ringe schneiden
200 g festkochende Kartoffeln
100 ml trockener Weißwein
800 ml Fischfond
1 Lorbeerblatt
2 Wacholderbeeren
200 ml Schlagsahne
Salz
weißer Pfeffer aus der Mühle
2 cl Cognac
300 g Nordseekrabben
4 Dillzweige

Krabbenknödel
2 EL Olivenöl
1 EL fein gewürfelte Schalotten
100 g Nordeekrabben
100 g Weißbrotwürfel ohne Rinde
80 ml Milch
2 Eigelb
1 EL gehackte Petersilie
Salz
weißer Pfeffer aus der Mühle
Muskatnuss
10 g Butter

Parmesanchips
100 g geriebener Parmesan

Zubereitung
Olivenöl erhitzen, Zwiebel, Knoblauch, Petersilienwurzel, Lauch und Kartoffeln anschwitzen. Mit dem Weißwein ablöschen und mit dem Fischfond auffüllen. Gewürze und Hälfte der Schlagsahne dazugeben und ca. 15 Minuten kochen. Lorbeerblatt und Wacholderbeeren entfernen und alles mit dem Stabmixer fein pürieren. Krabben hinzugeben und 5 Minuten ziehen lassen. Mit Salz, Pfeffer und Cognac abschmecken.

Die Schalotten in etwas Öl in der Pfanne angehen lassen, die Krabben zum Schluss ohne weitere Hitze dazugeben und beiseite stellen. Weißbrotwürfel in eine Schüssel geben, Schalotten und Krabben zufügen. Milch mit Butter erwärmen. Eigelb, Petersilie, Salz, Pfeffer, Muskatnuss zur Weißbrot-Krabben-Mischung geben, die warme Milch-Butter-Mischung zugießen und alles gut verrühren. Anschließend kurz im Kühlschrank ziehen lassen. Kleine Knödel formen und ca. 10 Minuten in Salzwasser leicht kochen.

Käse auf einem mit Backpapier ausgelegten Backblech dünn verteilen. Im vorgeheizten Backrohr bei 200 °C etwa 5 bis 8 Minuten backen lassen, bis die Chips knusprig sind.

Anrichtevorschlag
Die heiße Suppe mit dem Knödel anrichten und mit der geschlagenen Sahne, dem Dill sowie dem Parmesanchip oder alternierend einem Schwarzbrotchip garnieren.

STEINPILZESSENZ / KARTOFFELSCHAUM

POCHIERTES WACHTELEI UND PERIGORDTRÜFFEL

Zutaten
Für 4 Portionen

Steinpilzessenz
30 g getrocknete Steinpilze
300 g Wildfleisch
80 g klein geschnittene Karotten
80 g klein geschnittene Petersilienwurzel
80 g fein geschnittener Lauch
1 Lorbeerblatt
1 Nelke
2 Pimentkörner
3 Wacholderbeeren
1 Thyminazweig
1 Knoblauchzehe
2 gewürfelte Zwiebeln
4 Eiweiß
je ein Spritzer Cognac und Madeira
250 g Crushed Ice
750 ml Wildgeflügelfond

Einlage
100 g frische Steinpilze
100 g Karotten
100 g Lauch
80 g Sellerie
1 Thymianzweig

Kartoffelschaum
300 g geschälte mehlige Kartoffeln
150 ml Milch
50 ml Wildgeflügelfond
25 g Butter
1 Msp. Trüffelöl
Salz
Muskatnuss

Pochiertes Wachtelei
4 Wachteleier
500 ml Wasser
50 ml Weinessig
Salz

Garnitur
Perigordtrüffel nach Belieben

Zubereitung
Steinpilze mit Wildfleisch, Karotten und Petersilienwurzel durch die grobe Scheibe des Fleischwolfes lassen. Anschließend Lauch, Gewürze und Kräuter dazugeben. Zwiebel und Eiweiß unter die Fleischmasse rühren und in einen Topf geben. Das Eis dazugeben und mit dem Wildgeflügelfond aufgießen. Das Ganze nun vorsichtig erhitzen und am Topfboden mit einem Bratenwender rühren, damit das Eiweiß nicht ansetzt. Wenn die Brühe aufkocht, den Bratenwender herausnehmen und den Fleischkuchen aufbrechen lassen. Bei niedriger Hitze ca. 30 Minuten köcheln lassen, anschließend durch ein Tuch passieren.

Gemüse in feine Streifen schneiden, kurz blanchieren und abschrecken. Steinpilze in Scheiben schneiden und in etwas Olivenöl und einem Thymianzweig kurz anbraten.

Die Kartoffeln in Salzwasser gar kochen und durch die Kartoffelpresse drücken. Mit heißer Milch, Wildgeflügelfond und Butter verrühren. Mit Trüffelöl, Salz, Pfeffer und uskatnuss würzen. Die Masse in einen ½-l-ISI-Gourmet-Whip füllen und mit zwei Kapseln aufschäumen.

Wasser und Essig aufkochen, salzen. Eier vorsichtig einzeln aus der Schale in eine Schüssel geben. Im kochenden Essigwasser mit einem Schneebesen kräftig rühren, so, dass in der Mitte ein Strudel entsteht. Jedes Ei einzeln nach und nach in die Mitte des Strudels gleiten lassen. Wenn das Ei nach oben steigt, leicht mit dem Schneebesen rühren und nach 1 Minute mit einer Schaumkelle herausnehmen. Alle Eier ringsum von den Fäden befreien.

Anrichtevorschlag
Die Essenz mit den Steinpilzen und den Gemüsen in ein Glas geben, vorsichtig den Kartoffelschaum aufsprühen und mit gehobeltem Trüffel servieren.

Zutaten
Für 4 Portionen

Hinweis: Früher war in Oberösterreich Schnittlsuppe sehr beliebt. Diese Brotsuppe mit Räucherspeck wurde gerne nach dem Kirchgang gegessen. Verfeinert wurde sie einfach mit Sauerrahm und Schnittlauch.

Schnittlsuppe
4 dünne Scheiben Bauernbrot
20 g Butter
20 g würfelig geschnittener Räucherspeck
800 ml Rinder-, Geflügel- oder Gemüsebrühe
100 g Sauerrahm
2 EL in feine Ringe geschnittener Schnittlauch

Zwiebelringe
1 feine Zwiebelringe
1 TL glattes Mehl
2 Eier
25 g geriebener Parmesan
1 EL fein gehackter Oregano
Salz
schwarzer Pfeffer aus der Mühle

Räucherspeck-Stick
8 Scheiben Räucherspeck
100 g klein geschnittenes Hähnchenfilet
2–3 EL Schlagsahne
Räuchersalz
schwarzer Pfeffer aus der Mühle
1 EL fein gehackte Petersilie
2 gehackte Dörrpflaumen
1 Schweinenetz
2 EL Olivenöl
4 Holzspieße

Zubereitung
Bauernbrot in Suppentellern verteilen, leicht salzen und mit so viel siedender Brühe übergießen, wie das Brot aufnimmt und einige Minuten ziehen lassen. Butter bräunen und Speck darin anschwitzen. Über das eingeweichte Brot geben und mit der restlichen Brühe auffüllen.

Zwiebelringe mit Mehl bestäuben. Eier verquirlen und mit Parmesan, Oregano, Salz und Pfeffer vermischen. Die einzelnen Zwiebelringe durch die Ei-Parmesan-Mischung ziehen, im heißen Pflanzenöl ausbacken und auf Küchenpapier abtropfen lassen. Zum Schluss über die Suppe geben.

Speckscheiben auflegen. Hähnchenfleisch, Sahne, Räuchersalz, Pfeffer und Petersilie im Mixer zu einer glatten Farce verarbeiten, anschließend durch ein feines Sieb streichen. Farce auf die Speckstreifen aufstreichen, Dörrpflaumen darauf verteilen und dann einrollen. Gewaschenes, abgetupftes Schweinenetz in 8 große Stücke schneiden und die Speckrollen darin einwickeln. Im heißen Olivenöl anbraten und dann auf Holzspieße aufspießen.

Anrichtevorschlag
Den Räucherspeck-Stick dazugeben und mit Sauerrahm sowie Schnittlauch verfeinern. Die gebackenen Zwiebelringe zum Schluss obendrauf geben.

OBERÖSTERREICH / SCHNITTLSUPPE
MIT GEBACKENEN ZWIEBELRINGEN UND RÄUCHERSPECK-STICK

calpan

SCHWEIN GEHABT!

Das könnte man im wahrsten Sinne des Wortes über Hans und Resi Stadler sagen. Rückblende, Weihnachten 1999 – Bescherung der anderen Art! Hans und Resi sind eingeladen bei Tochter Karin und deren Mann Thomas sowie den Enkelkindern. Der große Moment der Bescherung naht, das Licht wird etwas gedämpft und das große „Packerlaufreißen", insbesondere der Enkelkinder, beginnt. Resi erinnert sich genau und erzählt mir mit einem Schmunzeln im Gesicht wie sie zu Wollschweinen kam.

Das erste Geschenk der Tochter wurde neugierig geöffnet, hervor kam ein Buch mit dem Titel „Zucht und Haltung von Wollschweinen". Sie und ihr Mann schauten sich an und dachten, dass dies nicht wirklich ein Geschenk für sie sein könne. „Hast du dich da vertan?", fragte Hans seine Tochter, „Na, na, Vater, des passt schoo", erwiderte Karin. Sekunden später setzt Schwiegersohn Thomas Resi etwas Kleines, Flauschiges auf den Schoß: „Thomas, nimm bitte den Hund weg, ich hab mein fesches G'wand an und wir gehen ja noch in die Mette", brach es daraufhin aus Resi heraus. Da saß nun das kleine Wollknäuel namens Felix auf Resis Schoß „und war so süß", erinnert sie sich. Zusätzlich wartete draußen – wie es sich für angehende Züchter gehört – die zukünftige Muttersau. Frohe Weihnachten!

Im weiteren Gespräch mit Hans erfahre ich, dass die beiden schon seit 1964 auf dem Hof leben und arbeiten. 1982 folgte dann die Übernahme: „So lange machen wir schon Urlaub auf dem Bauernhof." Felix, der Eber, sorgt noch heute dafür, dass das „Weiberl" bis zu zweimal im Jahr sechs bis elf kleine „Wollknäuel" pro Wurf zur Welt bringt. Die beiden erzählen mir auch, dass sie schon blonde, weiße, rote und eben auch Schwalbenbauch-Wollschweindamen hatten, „die Ferkel kommen halt immer nach der Muttersau", erklärt mir Resi. Früher haben sie Grammeln, Speck und den berühmten Kübelspeck hergestellt, heute gehen die meisten Schweine ins Innviertel – oder Endstation Kübelspeck und dann zu mir!

Noch ein Tipp an alle Leserinnen und Leser: Schnappt euch nie ein Ferkel, wenn die Muttersau dabei ist – sie hat mich auch nach Absetzen des Ferkels derart angegriffen, dass ich die Flucht ergreifen musste. Das könnt ihr mir ruhig glauben, denn ich habe selber zwei zahme Hängebauchschweine zu Hause. In diesem Sinne viel Spaß mit den Bildern.

LOHBERGER
OUTDOORCHEF

AUFGEFISCHT

AUS DEN TIEFEN

Nordsee

Seeteufel

Langustinomayo

Crispy

Zitronengras

Zander

Oliven

SEETEUFEL /

REISBLATT

AN SESAMBOHNEN UND ROTE-BETE-SABAYON

Zutaten
Für 4 Portionen

Seeteufel
8 Seeteufelmedaillons à 60 g
½ abgeriebene Schale einer Limette
½ EL Meersalz
je 1 TL Kurkuma, Koriandersamen, Kreuzkümmel, schwarze Senfkörner, geröstet und gemahlen
je 1 Msp. Kardamom, Zimt, schwarze Pfefferkörner, Gewürznelke, Chilipulver, geröstet und gemahlen
8 Mangoldblätter
8 Reispapierblätter
Rapsöl zum Braten

Sesambohnen
½ Noriblatt
1 EL geröstete Sesamkerne
1 halbiert und entkernte Chili
1 EL Meersalz
2 TL rosa Beerenpfeffer
240 g Saubohnen
30 g Butter

Rote-Bete-Sabayon
7 Eigelb
400 ml Rote-Bete-Saft
Salz, Pfeffer
weißer Balsamicoessig nach Geschmack

Zubereitung
Den Abrieb der Limette mit den restlichen Gewürzen vermengen. Damit den Fisch von allen Seiten einreiben und ca. 1 Stunde marinieren. Mangoldblätter waschen, Strunk entfernen und in kochendem Salzwasser für ca. 2 Minuten blanchieren. In Eiswasser abschrecken und auf Küchenpapier abtropfen lassen. In die Mangoldblätter jeweils ein Seeteufelmedaillon setzen und darin einschlagen. Reisblätter auf ein feuchtes Tuch legen und mit Wasser bestreichen, bis sie weich werden. Die Mangoldpäckchen darin einwickeln. Öl erhitzen und Seeteufelpäckchen bei mittlerer Hitze von beiden Seiten jeweils 2 Minuten braten.

Noriblatt, Sesam, Chili, Meersalz und Beerenpfeffer fein mahlen. Bohnen waschen, putzen, in Salzwasser bissfest blanchieren und in Eiswasser abschrecken. In der zerlassenen Butter anschwenken und mit der Gewürzmischung abschmecken.

Eigelb mit Rote-Bete-Saft über Dampf schaumig schlagen, mit Gewürzen und Essig abschmecken und in einen ½-l-ISI Gourmet-Whip füllen. Eine ISI-Sahnekapsel aufschrauben, kräftig schütteln und warm halten.

Anrichtevorschlag
Anschließend mit den Sesambohnen und der Sabayon anrichten.

Weinempfehlung
Der edle Meerfisch und die Sesambohnen vertragen einen Weißwein mit einem dezent eingesetzen Barriqueton. Der Alastro 2007 (eine Weißweincuvée aus Grecanico und Chardonnay mit einer zarten vanilligen Holznote) vom Weingut Planeta aus Sizilien harmoniert perfekt mit den würzigen, asiatischen Komponenten, ohne dabei den feinen Geschmack des Seeteufels zu übertönen.

FORELLEN /

Zutaten
Für 4 Portionen

Forellen-Sandwich
250 g grätenfreies Hechtfilet
450 g grätenfreies Forellenfilet
180 ml Sahne
2 Eier
Salz
weißer Pfeffer aus der Mühle
Saft einer halben Zitrone
etwas Pernod
4 Scheiben Tramezzini
2 Mangoldblätter

Kürbispüree
300 g klein geschnittenes Kürbisfleisch
100 ml Milch
1 EL Butter
50 g Crème fraîche
Salz
weißer Pfeffer aus der Mühle
geriebene Muskatnuss

Langustino-Mayonnaise
(siehe Rezept Seite 77)

Zubereitung
Eiweiß und Eigelb trennen. Fisch (200 g Forellenfilet zurückbehalten) in einer Küchenmaschine fein pürieren. Sahne und Eiweiß zugeben. Mit Gewürzen, Zitronensaft und Pernod abschmecken. Danach durch ein Haarsieb streichen. Bevor Sie diese Masse in einen Spritzbeutel geben, bitte zuerst eine kleine Probe braten, um die Festigkeit zu prüfen. Mangoldblätter kurz in kochendem Wasser blanchieren, in Eiswasser abschrecken und auf Küchenpapier abtropfen lassen. Mit Salz und Pfeffer würzen. Restliches Forellenfilet in vier gleich lange Streifen schneiden und in Mangoldblätter einwickeln. Tramezzinibrot ausbreiten und dünn mit der Fischfarce bestreichen. Dann ca. 3 cm dicke Würste jeweils an den Seiten des Brotes aufspritzen und dazwischen die eingewickelten Forellenfilets legen und mit einem weiteren Tramezzinibrot abdecken. Dieses Fischbrotpaket an den Seiten mit der übrig gebliebenen Farce glatt abstreichen. Das Ganze in Klarsichtfolie wickeln, anschließend in Aluminiumfolie eindrehen und bei 100 °C Dampf ca. 5 Minuten gar ziehen lassen. Anschließend herausnehmen und in etwas Butter anbraten.

Kürbisfleisch in Salzwasser kochen, bis es weich ist. Wasser abschütten, Kürbisstücke wieder in den Topf geben und ausdampfen lassen. Kürbisfleisch durch eine Presse drücken, heiße Milch nach und nach mit dem Schneebesen einrühren und alles gut durchschlagen. Butter leicht bräunen und dazugeben. Mit der Crème fraîche, Salz, Pfeffer und Muskat würzen.

Anrichtevorschlag
Das Sandwich anschneiden, damit man die Farce schön erkennt. Mit dem Püree und der Langustino-Mayonnaise servieren.

Tipp: Diese Farce eignet sich als Grundfarce für alle Fischklößchen, Pasteten und Fischfüllungen.

Tipp: Sie können die Schlagsahne und die Eier durch QimiQ ersetzen. Damit wird das Gericht leichter und cholesterinärmer. Außerdem bleibt der Eigengeschmack des Fisches besser erhalten und das Verfärben wird verzögert.

SANDWICH

AN KREUZKÜMMEL-KÜRBISPÜREE UND LANGUSTINO-MAYONNAISE

THUNFISCH / KARTOFFEL
MIT ZITRONENGRASLAUCH UND ZWIEBEL-RELISH-BONBON

Zutaten
Für 4 Portionen

Thunfisch
600 g Thunfisch
3 EL Sojasauce
Saft einer halben Limette
1 EL Sesamöl
1 TL Kristallzucker
Salz
schwarzer Pfeffer aus der Mühle
1 EL gehackter Koriander

Kartoffelbiskuit
200 g mehlige Kartoffeln
6 Eigelb
160 g Butter
½ TL Majoran
Salz, Pfeffer aus der Mühle
Muskatnuss nach Geschmack
100 g glattes Mehl
6 Eiweiß

Zitronengraslauch
4 Frühlingszwiebeln
1 Stange Zitronengras
50 g Butter
1 EL Gemüsebrühe
Salz
schwarzer Pfeffer aus der Mühle

Zwiebel-Relish-Bonbon
4 geschälte Schalotten
je 1 EL geriebener Ingwer,
Olivenöl und Balsamessig
1 TL Honig
50 ml Rotwein
Salz
schwarzer Pfeffer aus der Mühle
4 Wan-Tan-Blätter
4 Salbeiblätter
250 ml Pflanzenöl

Zubereitung
Thunfisch in 2,5 cm dicke Steifen schneiden. Sojasauce mit den restlichen Zutaten zu einer Marinade verrühren und den Thunfisch darin für ca. 2 Stunden marinieren. Herausnehmen, abtupfen und von allen Seiten kurz scharf anbraten.

Kartoffeln kochen und passieren. Eigelb mit der Butter schaumig schlagen und der Kartoffelmasse zufügen. Mit Majoran und Gewürzen abschmecken. Mehl einarbeiten und zum Schluss das geschlagene Eiweiß unterheben. Im vorgeheizten Backofen bei 180 bis 200 °C Umluft ca. 8 bis 10 Minuten goldgelb backen.

Das Grün der Frühlingszwiebeln ca . 5 cm lang abschneiden und anschließend die Zwiebel mit dem Grün halbieren. Zitronengras in einem Mixer fein zermahlen und in der zerlassenen Butter anschwitzen. Gemüsebrühe und Gewürze hinzugeben. Kurz vor dem Servieren Frühlingszwiebeln darin anschwitzen.

Schalotten und Ingwer im Olivenöl anschwitzen. Mit Honig, Essig, Rotwein und Gewürzen abschmecken und Schalotten darin weich köcheln. Die Wan-Tan-Blätter ausbreiten, jeweils eine ausgekühlte Schalotte auf ein Blatt setzen, mit einem Salbeiblatt belegen und einschlagen. Im heißen Öl ausbacken.

Weinempfehlung
Zu diesem „exotischen" Gericht korrespondiert auch ein solcher Wein. Der Côtes du Rhône blanc 2007 der Sorte Viognier vom Weingut Saint Cosme aus der südlichen Rhône spiegelt all diese exotischen Aromen wider und die zarte Cremigkeit des Weins hebt den einzigartigen Thunfischgeschmack hervor.

BISKUIT

HECHT / LACHS

ALS KRAUTWICKLER MIT SAUERAMPFERSCHAUM

Zutaten
Für 4 Portionen

Krautwickler von Hecht und Lachs
300 g Hechtfilet
300 g Lachs
1 Eiweiß
Spritzer Zitronensaft
Salz
weißer Pfeffer aus der Mühle
250 ml Schlagsahne
4 Weißkohlblätter
Salz
schwarzer Pfeffer aus der Mühle
etwas Fischfond
80 g Butter

Sauerampferschaum
80 g Butter
60 g in feine Würfel geschnittene Schalotten
½ fein zerriebene Knoblauchzehe
100 g geputzter und gewaschener Sauerampfer
80 g Spinat
50 ml Weißwein
120 ml Fischfond
80 ml Schlagsahne
50 g Crème fraîche
schwarzer Pfeffer aus der Mühle
Salz

Zubereitung
Hechtfilet grob in Stücke schneiden, gemeinsam mit Eiweiß, Zitronensaft, Salz, Pfeffer und Schlagsahne im Mixer zu einer Farce verarbeiten. Anschließend durch ein Sieb streichen und kalt stellen. Lachs in vier gleich große Stücke schneiden. Die Weißkohlblätter in Salzwasser blanchieren, in Eiswasser abschrecken und mit Küchenpapier trocken tupfen. Kohlblätter ausbreiten, mit Salz und Pfeffer würzen und die Farce darauf dünn aufstreichen. Je ein Lachswürfel in die Mitte setzen, alles erneut salzen und pfeffern, danach zusammenwickeln. In einem ausgebutterten Bräter eng nebeneinander setzen, mit etwas Fischfond anfüllen und im vorgeheizten Backrohr bei 150 °C ca. 30 Minuten gar ziehen lassen. Zwischendurch immer wieder mit flüssiger Butter bepinseln.

60 g Butter schmelzen. Schalotten und Knoblauch darin glasig dünsten. Sauerampfer und Spinat hinzufügen und mit Weißwein ablöschen. Fischfond angießen, aufkochen lassen, pürieren und durch ein Sieb streichen. Schlagsahne und Crème fraîche zugeben. Mit Salz und Pfeffer abschmecken. Restliche Butter einrühren. Vor dem Servieren mit dem Stabmixer aufschlagen.

Anrichtevorschlag
Die Krautroulade so halbieren, dass die Schnittfläche zu sehen ist. Mit Sauerampferschaum servieren.

Weinempfehlung
Dieses Fischgericht verlangt einen klassisch ausgebauten Weißwein mit etwas Fruchtschmelz, der den feinen, fischigen Ton hervorhebt und nicht verdeckt. In diesem Fall empfehle ich einen Grünen Veltliner Terrassen vom Weingut Loimer aus Langenlois/Niederösterreich. Die Veltlineraromen betonen vor allem den Sauerampfer und korrespondieren hervorragend mit der traditionellen Zubereitungsart von Hecht und Lachs.

ZANDER AUF

Zutaten
Für 4 Portionen

Zander
4 Zanderfilets mit Haut
Salz
weißer Pfeffer aus der Mühle
etwas Zitronensaft

Pastinakenpüree
8 geschälte und gewürfelte Petersilienwurzeln
150 ml Schlagsahne
Saft einer halben Zitrone
Salz
weißer Pfeffer aus der Mühle
Muskatnuss
3 EL geschlagene Sahne

Kandiskarotten
320 g geschälte Karotten
100 ml Orangensaft
20 g braunen Kandiszucker
Salz
Butter
1 EL Zitronensaft
1 EL Estragonblätter

Rotweinbutter
1 in Scheiben geschnittene Schalotte
¼ Stange in Scheiben geschnittener Lauch
¼ in Scheiben geschnittene Fenchelknolle
1 EL Butter
1 Lorbeerblatt
3 zerstoßene Pfefferkörner
1 Thymianzweig
350 ml trockener Rotwein
100 ml roter Portwein
100 g Butterwürfel

PASTINAKENPÜREE
MIT KANDISKAROTTEN UND ROTWEINBUTTER

Zubereitung
Die Hautseite der Filets mit einem scharfen Messer leicht einschneiden, damit der Fisch sich beim Garen nicht rollt. Mit Salz, Pfeffer und etwas Zitronensaft würzen, dann auf der Hautseite scharf anbraten. Temperatur reduzieren und auf der Haut fertig garen.

Petersilenwurzeln in Salzwasser und Zitronensaft blanchieren. Wasser abgießen und im Topf abdämpfen. Im Mixer zu einer cremigen Masse pürieren. Dann durch ein Sieb streichen und mit Salz, Pfeffer und Muskatnuss würzen. Zum Schluss geschlagene Sahne unterheben.

Karotten in 0,5 cm starke, möglichst gleich lange Stifte schneiden. Karottenstifte mit Orangensaft, Kandiszucker, Salz, Butter und Zitronensaft köchelnd garen. Vor dem Anrichten Estragonblätter dazugeben.

Schalotte, Lauch und Fenchel in zerlassener Butter anschwitzen. Lorbeerblatt, Pfefferkörner und Thymianzweig dazugeben. Mit Rot- und Portwein auffüllen. Einmal aufkochen lassen, Hitze reduzieren und ca. 30 Minuten auf kleiner Flamme köcheln lassen, zwischendurch den Schaum abschöpfen. Danach durch ein Sieb passieren und auf ca. 0,1 l einreduzieren lassen. Die Butterwürfel in die Reduktion einrühren und zergehen lassen.

EINE „SEE“FAHRT, DIE IST LUSTIG

Der Gmundner Traunstein ist nicht das Einzige an Urgesteinen im Salzkammergut, weit gefehlt! Da gibt es zum einen den Fischer Sepp Ahamer und zum anderen meinen lieben Kollegen Hans Parzer – der eine ist mein Fischdealer und der andere einer der besten und ersten Haubenköche unserer Region. Hans hat übrigens alles für das Fotoshooting organisiert, da ich so im „Seich“ war, wie wir damals in der Schweiz gerne gesagt haben.

Um 8 Uhr treffe ich mich zuerst mit Urgestein Nummer 1, auf dem Steg zum Seeschloss Ort in dem sich sein Restaurant „Orther Stub'n“ befindet. Ich kenne Hans nun schon einige Jahre und weiß, dass er ein super Koch ist und eben einer der ersten hochdekorierten Köche in dieser Gegend. 1972 (da war ich ein Jahr alt) hat Hans seine Ausbildung zum Koch im „Goldenen Hirschen“ in Salzburg begonnen. Die hohe Kochkunst – die dort übrigens auch heute noch gepflegt wird – in seinem Lehrbetrieb hat ihn geprägt. Anschließend ging es auf Kochtournee in Spitzenhäuser. Stationen in Seefeld, Lech, Köln, Düsseldorf, ja bis in die Kreuzschifffahrt mit Vistafjord oder der Norwegen-Amerika-Line folgten.

Als er 1985 nach Gmunden zurückkehrte, gab er sofort Vollgas und erhielt auf Anhieb eine Haube des begehrten „Gault Millau“. Angesprochen auf sein neuestes Projekt „Traunsee Fisch & Pasta“, das er vor einigen Tagen lancierte, beginnen seine Augen zu leuchten: „Seit Jahren will ich das umsetzen, eine frische Bistroküche mit dem Schwerpunkt Fisch und Pasta, wo der Fisch vor den Augen des Gastes zerlegt, filetiert und zubereitet wird. Endlich ham moas umsetzen können“! Seinen Urlaub pflegt er – festhalten – als Gastkoch in aller Welt wie dem „Hilton“ in Ankara, dem „Mandarin Oriental“ in Hongkong oder demnächst bei seiner siebten Einladung auf der „MS Europa“ zu verbringen.

Jetzt trifft auch Urgestein Nummer 2 ein. Sepp kommt mit seinem Fischerboot zum Steg, um uns abzuholen. Sepp ist Fischer aus Leidenschaft und beliefert Hans seit 15 Jahren. „Alles begann mit dem Angeln", erinnert er sich gleich zu Beginn unseres Gesprächs. „Hinzu kam, dass mein Nachbar Fischer war, durch den ich auch immer mehr Bezug dazu entwickelte." Nach dessen Tod wurde Sepp schließlich der Pächter des verwaisten Reviers in der Fischerei Traunsee. Hier kennt ihn inzwischen wohl jeder. Und zwar nicht nur wegen seiner tollen Fischqualität, sondern auch wegen seines so typischen Fischerboots – einer original Traunsee Plätte. Und wenn man in diesem Boot auch noch seit über 25 Jahren, jeweils zehn Wochen während der Sommermonate, jeden Donnerstag eine Musikkapelle ab 20 Uhr am Traunseeufer entlang schippert, dann ist klar, dass er alles mit großer Leidenschaft macht.

Als ich ihn zum Thema Steckerlfisch etwas fragen möchte, unterbricht er mich: „Bei uns heißt es Stangerlfisch und besteht nur aus einem Riedling, der vom Kopf bis zum Schwanzende aufgestangelt, mit grobem Salz gewürzt und über Holzkohle gegrillt wird."

VENUSMUSCHEL-TOPF / SCAMPI

HAUSGEMACHTES TOMATEN-OLIVEN-CIABATTA

Zutaten
Für 4 Portionen

Venusmuscheltopf
2 fein gewürfelte Schalotten
1 fein gewürfelte Knoblauchzehe
2 EL Olivenöl
2 kg Venusmuscheln
50 g in feine Scheiben geschnittener Stangensellerie
50 g geschälte und in feine Scheiben geschnittene Karotten
50 g Fenchelwürfel
50 g in feine Ringe geschnittener Lauch
2 entkernte und in Ringe geschnittene Chilis
1 TL geriebener Ingwer
Salz
schwarzer Pfeffer aus der Mühle
4–5 Safranfäden
3 Blatt Zitronenverbene
250 ml trockener Weißwein
500 ml Gemüsefond
20 ml Pernod
8 geschälte und vom Darm befreite Scampi
2 EL fein geschnittener Dill

Tomaten-Oliven-Ciabatta
15 g Hefe
250 ml lauwarmes Wasser
1 TL Kristallzucker
450 g glattes Mehl
1 EL Olivenöl
1 TL Salz
1 TL gehackter Rosmarin
100 g getrocknete Tomaten
80 g schwarze Oliven ohne Kerne

Zubereitung
Schalotten und den Knoblauch im Olivenöl anschwitzen. Dann gut gewaschene Venusmuscheln sowie Stangensellerie, Karotten, Fenchel, Lauch und Chili dazugeben. Mit Ingwer, Salz, Pfeffer, Safran und Zitronenverbene würzen und mit Weißwein, Gemüsefond und Pernod auffüllen. Den Topf verschließen und ca. 3 Minuten bei starker Hitze garen. Danach die geschälten Scampi dazugeben und weitere 2 Minuten garen. Beim Anrichten den Dill dazugeben.

Hefe mit dem Wasser verrühren, Zucker dazugeben und 10 Minuten gehen lassen. Mehl mit Olivenöl, Salz und Rosmarin vermischen. Nach und nach Wasser zufügen. Kneten, bis ein glatter Teig entsteht, der sich leicht von der Schüssel löst. Mit Klarsichtfolie abdecken und 1 Stunde gehen lassen. Teig auf einer bemehlten Fläche kurz durchkneten, in zwei gleich große Stücke teilen und zu einem Rechteck von jeweils ungefähr 30 x 15 cm ausrollen. Tomaten klein schneiden und auf den Teighälften verteilen. Oliven darübergeben. Kurze Seiten einmal einschlagen und Teig der Länge nach zu Ciabattas zusammenrollen. Die Nahtstellen fest zusammendrücken. Auf ein mit Backpapier ausgelegtes Blech legen und 20 Minuten gehen lassen. Ein mit Wasser gefülltes Gefäß ins vorgeheizte Backrohr stellen und bei 180 bis 200 °C ca. 35 Minuten backen.

Tipp: Dieses Gericht kann auf gehobene Art und Weise angerichtet werden, ist aber auch für eine rustikale Variante ideal.

CRISPY / WOLFSBARSCH

AUF BOHNENGEMÜSE UND KOKOS-LIMETTEN-SCHAUM

Zutaten
Für 4 Portionen

Wolfsbarsch
4 Wolfsbarschfilets
Salz
weißer Pfeffer aus der Mühle
etwas Limettensaft
etwas Olivenöl

Bohnengemüse
400 g gemischte Bohnen (schwarze, weiße, rote und Stangenbohnen)
30 g Butter
2 TL Bohnenkraut
50 ml Fischfond

Kokos-Limetten-Schaum
150 ml Kokosmilch
100 ml Dashi-Sud
(siehe Rezept Seite 22)
50 ml Schlagsahne
abgeriebene Schale und Saft einer halben unbehandelten Limette
50 g Butterwürfel

Zubereitung
Filets leicht salzen, pfeffern und mit etwas Limettensaft beträufeln. Mit der Hautseite in Olivenöl braten.

Sau- und Stangenbohnen blanchieren. Saubohnenkerne aus den Häuten drücken. Stangenbohnen in 1 cm große Rauten schneiden. Die Butter in einer Pfanne leicht bräunen, Bohnenkraut, Fischfond und die Bohnen darin dünsten. Mit Salz und Pfeffer würzen.

Kokosmilch mit Dashi-Sud und Schlagsahne kochen und einreduzieren. Mit Salz, Pfeffer, Limettenschale und -saft abschmecken. Mit dem Mixstab aufschäumen und die gewürfelte Butter zugeben.

Anrichtevorschlag
Den Wolfsbarsch erst kurz vor Ende der Garzeit auf der Fleischseite braten, dann auf den Bohnen anrichten und mit dem Kokos-Limetten-Schaum servieren.

NORDSEE /

Zutaten
Für 4 Portionen

Dorsch
4 Dorschfilets à 180 g aus dem Mittelstück
Salz
weißer Pfeffer aus der Mühle
2 EL Olivenöl
1 EL Limettensaft
4 Halme Thaischnittlauch
etwas Olivenöl

Kürbis-Wirsing-Risotto
200 g Kürbis
200 g Wirsing
4 EL Olivenöl
3 gewürfelte Schalotten
200 g Risotto-Reis
5 EL Weißwein
800 ml Gemüsefond
100 ml Sahne
2 geschälte und geraspelte Äpfel
1 entkernte und gewürfelte Chili
Saft einer Limette
1 Rosmarinzweig
½ EL Butter
100 g Parmesan
Salz
weißer Pfeffer aus der Mühle

Shiitakepilze
100 g frische Shiitakepilze
50 ml Olivenöl
1 fein gewürfelte Schalotte
1 Knoblauchzehe
1 Rosmarinzweig
1 Thymianzweig
Salz
schwarzer Pfeffer aus der Mühle
Saft einer halben Zitrone
1 EL fein gehackte Petersilie

DORSCH

AUF KÜRBIS-WIRSING-RISOTTO UND SHIITAKEPILZEN

Zubereitung

Den Dorsch in gleichmäßige Würfel schneiden, salzen, pfeffern und mit dem Olivenöl, Limettensaft bepinseln. Den Thaischnittlauch kurz in kochendem Wasser blanchieren, in Eiswasser abschrecken und die Fischwürfel damit wie ein Paket verschnüren. Auf der Hautseite im Olivenöl anbraten, anschließend im vorgeheizten Backrohr bei ca. 120 °C 5 Minuten ziehen lassen.

Kürbis schälen, entkernen und das Fruchtfleisch in kleine Würfel schneiden. Den Wirsing vierteln, waschen und ebenfalls in kleine Würfel schneiden. Olivenöl in einem Topf erhitzen, die Schalotten und die Hälfte vom Kürbis bei mittlerer Hitze eine Minute andünsten. Den Reis dazugeben und eine weitere Minute dünsten. Mit Wein ablöschen und etwas Gemüsefond dazugeben. Das Risotto unter Rühren für 20 bis 25 Minuten garen und jeweils so viel Fond zugießen, dass der Reis leicht bedeckt ist. Nach etwa zehn Minuten den restlichen Kürbis, den Wirsing und die Sahne unterrühren. Kurz vor Ende der Garzeit die Äpfel, Chili, Limettensaft, gehackte Rosmarinnadeln, Butter und Parmesan untermischen. Mit Salz und Pfeffer abschmecken.

Die Pilze mit einem feuchtem Tuch abwischen, den Stielansatz abschneiden und halbieren. Olivenöl erhitzen und die Schalotten darin glasig dünsten. Dann gehackten Knoblauch, Rosmarin, Thymian und die Pilze dazugeben. Die Pilze goldbraun braten, mit Salz, Pfeffer und Zitronensaft abschmecken. Zum Schluss die gehackte Petersilie unterrühren.

Anrichtevorschlag

Das Risotto in einem Ring ca. 1,5 cm hoch anrichten, darauf die Shiitakepilze ebenso ca. 1 cm hoch platzieren. Den Dorsch mit der Hautseite nach oben auf den Risotto-Pilz-Turm legen.

HÜPF INS GLAS

AUF VORRAT GEKOCHT

Grüne Tomaten

Curry

Avocado

Senf

Chutney

Mostkraut

Walnüsse

GRÜNE TOMATEN

Zutaten
Für 4 Portionen

4 kg feste grüne Tomaten
500 ml weißer Balsamicoessig
250 ml Wasser
125 ml Olivenöl
1 EL Meersalz
1 EL brauner Zucker
2 gepresste Knoblauchzehen
1 in Scheiben geschnittene Zwiebel
10 zerdrückte schwarze Pfefferkörner
1 Lorbeerblatt
2 Thymianzweige
2 Anissterne
3 Kardamomkapseln
25 Basilikumblätter

Zubereitung
Den Strunk der Tomaten keilförmig herausschneiden und am anderen Ende die Tomaten kreuzweise einschneiden. In kochendem Wasser blanchieren und in Eiswasser abschrecken. Anschließend häuten, vierteln und entkernen. Aus Essig, Wasser, Öl, Salz, Zucker, Knoblauch, Zwiebel, Pfeffer, Lorbeer, Thymian, Anis, Kardamom und Basilikum einen Sud kochen. Nach ca. 10 Minuten durch ein Sieb passieren. Die Tomaten in einem Topf mit dem Fond bedecken, einmal aufkochen lassen. Tomaten herausnehmen und in Einmachgläser füllen. Den Fond nochmals 10 Minuten kochen lassen und etwas auskühlen lassen. Die Tomaten mit dem lauwarmen Sud bedecken. Das Glas luftdicht verschließen und unter Dampf weitere 30 Minuten garen. Danach dunkel und kühl lagern.

RETTICH-AVOCADO-SALAT

Zutaten
Für 4 Portionen

75 g brauner Zucker
100 ml Sushi-Essig
50 ml Thai-Fischsauce
25 ml Wasser
1 Limettenblatt
1 Stange Zitronengras
½ Chilischote
1 Msp. ganzer Kreuzkümmel
200 g Rettich
½ Avocado
Zitronensaft
20 g Erdnüsse

Zubereitung
Zucker, Sushi-Essig, Thai-Fischsauce und Wasser in einem Topf zum Kochen bringen. Limettenblatt und angedrücktes Zitronengras hinzugeben. Die Chilischote halbieren, entkernen, fein würfeln und mit dem Kreuzkümmel in die Flüssigkeit geben. Wenn der Fond einmal aufgekocht ist, auf die Seite stellen. Den Rettich schälen und fein hobeln. Die Avocado in kleine Würfel schneiden und mit etwas Zitronensaft beträufeln. Die geschälten Erdnüsse in einer Pfanne leicht anrösten, danach im Mörser zerstoßen. Rettich, Avocado und Erdnüsse vermischen und in ein Einmachglas geben. Jetzt die lauwarme Flüssigkeit über den Rettich geben, luftdicht verschließen und unter Dampf nochmals 10 Minuten garen. Danach dunkel und kühl lagern.

Tipp: Passt gut zu asiatischen Gerichten.

OBST- UND GEMÜSE

WAS BRAUCHT MAN MEHR?

Natürlich dürfen Max und Marina in meinem Buch nicht fehlen, bei ihnen kaufe ich nun schon seit Jahren alles Frische an Obst und Gemüse. Wie man auf den Bildern erkennt, hatten wir eine Menge Spaß am Tag des Fotoshootings.

Maximilian Edthofer führt bereits seit dreißig Jahren das Unternehmen in zweiter Generation, tatkräftig unterstützt von seiner Frau Marina, und seit 2007 ist – zum Stolz der Eltern – Sohn Dominik in die Firma eingestiegen. „Gegründet hat die Firma mein Vater Max, der gelernter Gärtner war", erzählt mir Max jun. „Angefangen hat alles hinter dem Elternhaus in der Linzerstraße in Gmunden. Da musste ich schon früh mithelfen, damit das frische Gemüse auf den Wochenmärkten in Gmunden, Bad Ischl und Vöcklabruck verkauft werden konnte."

Irgendwann stieß man mit dem Garten hinter dem Haus an natürliche Produktionsgrenzen und entschied sich, auf Handelsbetrieb umzustellen und mietete 1975 ein Auslieferungslager dazu. „Danach ging es richtig los", erinnert sich Max jun., „mein Vater kaufte zwei Lkw, um das Obst aus der Steiermark und Gemüse von den Wiener Gärtnern nach Gmunden zu transportieren". Dreimal die Woche wird in der Nacht die Ware abgeholt, um anschließend der Gastronomie, aber auch in ihrem Detailgeschäft die frischesten Waren anbieten zu können. „Der größte Teil des Feldgemüses wird aber bei uns in der Region erzeugt", erklärt mir Marina, „der Salat den du zu Mittag isst, stand um 4 Uhr in der Früh noch auf dem Feld. Das ist unser Anspruch an Qualität."

Ich genieße die Vorzüge, die es mit sich bringt, bei den beiden mein Obst und Gemüse zu beziehen. An sechs Tagen in der Woche erhalte ich frischeste Ware. Tja, mittlerweile ist das Unternehmen wieder gewachsen. Im Jahr 2007 haben sie innerhalb Gmundens den Standort gewechselt: „Unser Auslieferungslager platzte aus allen Nähten", erzählt mir Max am Schluss unseres Besuches.

Red Star Roma
CHERRYTOMATEN

CURRY-SENF-FRÜCHTE

Zutaten
4 Portionen

100 ml Gemüsefond
100 ml Apfelessig
100 ml Weißweinessig
250 g Gelierzucker (2:1)
3–4 EL Honig
2 Nelken
½ Zimtstange
1 TL Curry
1 EL Ingwerscheiben
8 Senfkörner
50 g geschälte und grobwürfelige Äpfel
je 70 g geschälte und grobwürfelige Birnen, Pfirsiche und Ananas
50 g geschälte Physalis
2 EL Senfpulver

Zubereitung
Gemüsefond, Apfelessig, Weißweinessig, Gelierzucker und Honig aufkochen. Nelken, Zimtstange, Curry, Ingwer und Senfkörner zugeben und nochmals aufkochen lassen. Die Früchte hinzufügen und auf kleiner Stufe ca. 5 Minuten köcheln lassen. Danach abgießen und den Fond auffangen. Die Früchte in verschließbare Gläser geben. Den Fond auskühlen lassen, das Senfpulver unterrühren und die Früchte im Glas damit bedecken.

MOJO VERDE

Zutaten
Für 4 Portionen

1 EL Weißweinessig
200 ml Wasser
100 g Tiefkühlpetersilie
2 Bund Koriander
3 Knoblauchzehen
1 TL gemahlener Kreuzkümmel
Saft einer Limette
Salz
weißer Pfeffer aus der Mühle
200 ml Olivenöl

Zubereitung
Weißweinessig, Wasser, Petersilie, Korianderblätter, geschälte Knoblauchzehe, Kreuzkümmel, Limettensaft, Salz und Pfeffer mit einem Stabmixer mixen. Während des Mixens Öl nach und nach dazugießen. Mojo Verde in einem Einmachglas aufbewahren.

APRIKOSEN-CHILI-CHUTNEY

Zutaten
Für 4 Portionen

250 g Aprikosen
etwas Salz
1 Chilischote
1 Knoblauchzehe
80 ml weißer Balsamicoessig
100 g brauner Zucker
je 10 g Ingwer und Senfkörner
20 g Rosinen

Zubereitung
Die Aprikosen waschen, halbieren, entkernen und in Stücke schneiden. Etwas salzen und 30 Minuten ruhen lassen. Währenddessen die Chilischote halbieren, entkernen und fein hacken. Den Knoblauch schälen und zerdrücken, den Ingwer schälen und reiben. Nun alles zusammen kochen, bis die Masse dick wird, noch heiß in ein Einmachglas geben und verschließen.

LANGUSTINO-MAYONNAISE

Zutaten
Für 4 Portionen

8 Langustinoschalen
500 ml Pflanzenöl
2 Thymianzweige
2 Knoblauchzehen
Salz
3 Eigelb
1 EL Weißweinessig
1 EL Zitronensaft
evtl. Wasser
weißer Pfeffer aus der Mühle
Chilifäden

Zubereitung
Langustinoschalen waschen und einige Stunden trocknen lassen. Mit Öl, Thymian und Knoblauch bedecken und bei Raumtemperatur eine Woche abgedeckt stehen lassen. Danach durch ein feines Sieb passieren. Eigelb mit etwas Salz schaumig rühren. Das Langustinoöl zuerst tropfenweise unter das Eigelb rühren. Wenn es zu einer gewissen Festigkeit gekommen ist, kann man das restliche Öl in größeren Mengen dazugeben. Mit Weinessig, Zitrone, weißem Pfeffer und Chilifäden abschmecken. Die Konsistenz kann auf Wunsch mit der Zugabe von Wasser der persönlichen Vorliebe angepasst werden.

Tipp: Das Langustinoöl kann in Flaschen gekühlt auch mehrere Wochen aufbewahrt werden.

Wenn man morgens so ca. zwei Stunden nach dem Aufwachen kopfüber in einem Gewürzsack schnüffeln muss, ist das eine harte Sache. Ich hab's für das Fotoshooting in Willys Salzburger Gewürzkontor trotzdem gemacht. Auch die Mama vom Willy ist heute anwesend, da sie den Verkauf im neuen Ladenlokal im Salzburger Stadtteil Nonntal leitet – sie ist der Grund, warum Willy heute sozusagen ein wahrer Gewürzjunkie ist. „In Mamas Küche fing halt alles an", erzählt mir Willy, „ich habe ständig und immer bei ihr in der Küche mitgeholfen – speziell wenn sie Brot gebacken hat, stimmts?", fragt Willy seine Mutter mit einem Lächeln. Sie schmunzelt und nickt. „Vom Bäcker über den selbstständigen Gastronomen zum Gewürzjunkie", skizziert Willy seinen Werdegang salopp.

Nach zehn Jahren als selbstständiger Unternehmer im Gastrobereich packte er seine Sachen und begab sich drei Monate lang auf eine Gewürzreise. „Ich suchte mir die besten, oft auch die kleinsten und somit die flexibelsten Lieferanten", erzählt er mir. „Ich verkostete und verglich die Produkte und entschied mich ausschließlich für die beste Qualität!" So kam es dann 2005 gemeinsam mit seiner Frau Astrid zur Firmengründung von „Spiceworld". „Zuerst fungierte unsere Garage als Geschäftslokal", erinnert sich Willy. Da aber das Echo unter Salzburgs Spitzenköchen enorm war, eröffneten sie 2006 ihr erstes Geschäft mit Detailverkauf in Salzburg. „Somit war die Gewürzwelt auch für Hobbyköche und engagierte Hausfrauen jederzeit zugänglich", resümiert Willy. Schon nach nur einem weiteren Jahr hoben sie ihr nächstes Baby in Nonntal aus der Taufe.

Willy schnappt mich und zerrt mich nach hinten ins Lager: „Schau Mike, hier mische ich die Gewürze für Freaks wie dich", lacht er. Was er nicht erzählt, ist, dass er im Vorfeld des Shootings nur ans Aufräumen dachte. Ich habe bis zum letzten Tag daran gearbeitet, dass er alles so lässt, wie es immer ist. Willy ist nämlich ein echter Gewürztüftler.

SCHON GEWÜRZT?

MOSTKRAUT

Zutaten
Für 4 Portionen

1 kleiner Kopf Weißkraut
1 l Süßmost
2 EL weißer Balsamicoessig
1 EL Honig
etwas Kümmel
etwas Salz

Zubereitung
Weißkraut vierteln und einen Teil des Strunkes (damit das Kraut nicht gänzlich auseinanderfällt) herausschneiden. Süßmost, Essig, Honig, Kümmel sowie Salz gemeinsam aufkochen und in diesem Sud das Kraut blanchieren. In Einmachgläser füllen, mit dem erkaltetem Sud übergießen und gut verschließen. Anschließend unter Dampf im Glas nochmals ungefähr 20 Minuten garen.

Zutaten
Für 4 Portionen

1 kg Walnüsse
500 g brauner Zucker
2 l Wasser
2 Zimtstangen
3 Gewürznelken
2 Anissterne

Zubereitung
Nüsse am oberen und unteren Ende abschneiden. Mit Wasser bedecken und für ca. 8 Tage stehen lassen. Währenddessen das Wasser täglich bis zu zweimal wechseln. Anschließend die Nüsse ca. 20 Minuten in frischem Wasser kochen und in frischem kaltem Wasser erneut einen Tag stehen lassen. Danach herausnehmen, abtrocknen und in Einmachgläser füllen. Zucker mit 2 l Wasser und Gewürzen aufkochen. Noch warm über die Nüsse gießen und erneut einen Tag stehen lassen. Dann die Flüssigkeit abgießen, aufkochen und wieder für einen Tag über die Nüsse geben. Dies sollte viermal wiederholt werden. Am fünften Tag die schon sirupartige Flüssigkeit zusammen mit den Nüssen aufkochen, in Einmachgläser füllen und luftdicht verschließen. Dunkel und kühl lagern.

Tipp: Grüne Nüsse erntet man am besten in der zweiten Junihälfte.

GRÜNE NÜSSE

F.L.E.I.S.C.H.

RARE, MEDIUM ODER WELLDONE

Lackiert

Kaninchen-Sate

Vakuum

Surf and Turf

Hirsch

Stubenküken

Strudel & Studentenfutter

Zweigelt

Chorizo

Süsser

JUNGSCHWEIN /

Zutaten
Für 4 Portionen

Jungschweinkarree
800 g Jungschweinkarree
4 EL Olivenöl
1 fein zerdrückte Knoblauchzehe
etwas Meersalz
etwas schwarzer Pfeffer aus der Mühle
1 Msp. Kümmel
3 Thymianzweige
2 EL Meerrettichsenf
100 ml Bier
100 g Butter
200 g zerkleinerte Jungschweinknochen
150 g grob geschnittenes Gemüse (Sellerie, Karotten, Zwiebel)
50 ml trockener Rotwein
3 Stück Sternanis
1 TL schwarze Pfefferkörner
Schale und Saft von 2 Orangen
2 EL Sojasauce
1 TL Honig
2 EL Apfelbalsamessig
500 ml Kalbsfond
Zeste einer Orange
50 ml Portwein
60 g kalte Butter

Buttermilchknödel
½ fein gewürfelte Zwiebel
etwas Butter
250 ml Buttermilch
500 g altes Bauernbrot
3 Eier
etwas Mehl
Salz
1 EL fein gehackte Petersilie
1 TL fein gehackter Thymian
Olivenöl

Süßmost-Stöcklkraut
(siehe Rezept Seite 80)

Zubereitung
Jungschweinkarree waschen, abtrocknen und vorsichtig ein Gittermuster in die Schwarte schneiden. Olivenöl in die Pfanne geben, zerdrückte Knoblauchzehe dazufügen und gemeinsam erhitzen. Aus Meersalz, Pfeffer, Kümmel, 1 Thymianzweig und Meerrettichsenf eine Marinade erstellen. Karree damit einreiben, nochmals gut salzen und pfeffern. Bier, Butter und etwas Meersalz vermischen. Von allen Seiten gut anbraten, anschließend im vorgeheizten Backrohr bei 180 °C mit der Schwarte nach oben ca. 30 Minuten braten. Dabei immer wieder die Schwarte mit der Butter-Bier-Meersalz-Mischung bepinseln, damit die Schwarte schön knusprig wird. Die Jungschweinknochen im Bratenansatz des Karrees anrösten und das Gemüse dazugeben. Mit dem Rotwein ablöschen, Sternanis, Pfefferkörner, Thymianzweige, Ab- rieb und Saft der Orangen, Sojasauce, Honig, Apfelbalsamessig und den Kalbsfond hinzugeben und alles bei geringer Hitze ca. 1 ½ Stunden kochen lassen, zwischendurch eventuell immer wieder einmal mit etwas Rotwein auffüllen. Die letzten 15 bis 20 Minuten das Stöcklkraut mit schmoren (öfter mit Bratensaft übergießen). Das Kraut herausnehmen, die Sauce durch ein feines Sieb passieren und mit den Orangenzesten und dem Portwein nochmals aufkochen und etwas dicklich einreduzieren lassen. Zum Schluss mit der kalten Butter aufmontieren. Die Schwarte des Jungschweines damit die letzten 5 Minuten im Ofen bepinseln.

Zwiebel in Butter glasig andünsten, mit der Buttermilch aufgießen und erwärmen. Bauernbrot in Würfel schneiden, mit Eiern, Mehl, Salz, Petersilie, Thymian sowie Buttermilch vermischen und ca. ½ Stunde ruhen lassen. Masse zu einer länglichen Rolle formen und in eine feuchte Stoffserviette locker einrollen, die Enden zubinden. In leicht kochendem Salzwasser eine ¾ Stunde köcheln lassen. Anschließend herausnehmen, etwas ausdämpfen lassen und in längliche Schnitten schneiden. Diese kurz vor dem Servieren in Olivenöl anbraten.

LACKIERT

BUTTERMILCHKNÖDEL UND SÜSSMOST-STÖCKLKRAUT

Anrichtevorschlag
Den Buttermilchknödel schräg anschneiden und auf den Teller stellen. Das Schwein mit Kruste dazugeben. Stöcklkraut anlegen. Mit Sauce und Thymianzweig verzieren.

Weinempfehlung
Zu dieser Zubereitungsart des Schweines passt fast immer ein Grüner Veltliner. Ein toller Speisenbegleiter ist hier der Grüne Veltliner Alte Reben von Willi Bründlmayer. Die Mineralik der tiefwurzelnden Alten Reben und der Schmelz des Weines unterstreichen alle traditionellen Zutaten dieses Gerichts.

KANINCHEN-SATE

MIT ROSENKOHL UND COUSCOUS-SCHÖBERL

Zutaten
4 Portionen

Kaninchen-Sate
600 g Kaninchenfilet
300 g Rosenkohl
schwarzer Pfeffer aus der Mühle
8 Holzspieße
120 g Erdnüsse
½ TL Kreuzkümmel
½ TL Koriandersamen
2 Knoblauchzehen
1 Stange Zitronengras
1 EL geriebener Ingwer
½ entkernte und fein gewürfelte Chilischote
2 EL Feinkristallzucker
1 EL Sushi-Essig
2 EL Thai-Fischsauce
250 ml Kokosmilch
2 EL Olivenöl

Couscous-Schöberl
80 g zimmerwarme Butter
3 Eigelb
Muskatnuss
Salz
3 Eiweiß
50 g glattes Mehl
20 g Maisstärke
100 g Couscous
100 ml kochendes Wasser
1 EL fein gehackter Rosmarin
1 TL gehackter Koriander
etwas Olivenöl

Zubereitung
Kaninchenfilets in 2 bis 3 cm große Würfel schneiden. Rosenkohl putzen und in Salzwasser gar, aber mit Biss kochen. Anschließend in Eiswasser abschrecken. Abwechselnd mit den Kaninchenwürfeln auf die Spieße stecken und pfeffern. Für die Erdnusssauce alle Zutaten außer der Kokosmilch in einem Mixer pürieren. Das Püree mit der Kokosmilch in einen Topf geben und unter Rühren köcheln lassen, bis die Sauce sichtbar dicklich eingekocht ist, eventuell mit Salz und Zucker nochmals abschmecken. Die Spieße in heißem Öl von jeder Seite ca. 1,5 Minuten anbraten und salzen.

Butter mit Eigelb schaumig schlagen. Muskatnuss und Salz beigeben, Sahne unterrühren. Eiweiß steif schlagen und ca. ein Drittel davon unter die obige Masse heben. Mehl und Stärke vorsichtig einrühren. Couscous mit dem kochendem Wasser übergießen, 5 Minuten quellen lassen und auskühlen. Gemeinsam mit dem Rosmarin und Koriander unter die Schöberlmasse geben und das restliche Eiweiß unterheben. Backblech mit Backpapier auslegen und Schöberlmasse etwa 1 cm dick aufstreichen. Im vorgeheizten Backrohr bei 200 °C ca. 15 Minuten bei Umluft backen. Auskühlen lassen und in ca. 2 x 2 cm große Würfel schneiden. Vor dem Servieren in etwas Olivenöl anbraten.

TAFELSPITZ IM

Zutaten
Für 4 Portionen

Tafelspitz
800 g Tafelspitz (Rinderhüfte)
schwarzer Pfeffer
1 EL Wasabipulver
2 EL Olivenöl
Meersalz
1 2-Liter-Vakuumsack
1 geschälte und in Stücke geschnittene Karotte
½ Stange in grobe Ringe geschnittener Lauch
100 g geschälter und geviertelter Knollensellerie
3 geschälte und geviertelte Zwiebeln
2 geschälte Knoblauchzehen
2 Blatt Liebstöckel
2 Lorbeerblätter
8 schwarze Pfefferkörner
2 Kardamomkapseln
1 Majoranzweig
1 Thymianzweig
500 ml Rinderbrühe

Kartoffelrisotto
1 EL Butter
1 fein gehackte Zwiebel
Prise Salz
Prise Kristallzucker
100 ml trockener Weißwein
500 g geschälte, in 1 cm große Würfel geschnittene festkochende Kartoffeln
400 ml Rinderbrühe
1 Lorbeerblatt
2 EL Schlagsahne
Meersalz
weißer Pfeffer aus der Mühle
Muskatnuss
2 geschälte und in 1 cm große Würfel geschnittene Äpfel
1 TL fein gehackter Rosmarin
100 g geriebener Parmesan
50 g Butter

Semmelkren
2 alte Semmeln (Brötchen)
375 ml Rindssuppe
Meersalz
schwarzer Pfeffer aus der Mühle
10–15 g frischer Kren

Zubereitung
Fleisch mit kaltem Wasser waschen und abtupfen. Mit Pfeffer und Wasabipulver würzen, in heißem Olivenöl anbraten, salzen und auskühlen lassen. Die geschnittenen Gemüse, Gewürze und Kräuter mit der Rinderbrühe aufkochen. Tafelspitz in den Vakuumsack geben, mit der heißen Rinder-Gemüse-Brühe übergießen und ziehen lassen. Vakuumbeutel in ein Wasserbad legen und im vorgeheizten Backofen bei 65 °C 6 bis 8 Stunden garen.

VAKUUM GEGART

MIT KARTOFFELRISOTTO UND SEMMELKREN

Butter in einem mittelgroßen, möglichst flachen Topf erhitzen. Zwiebel darin glasig dünsten. Je eine Prise Salz und Zucker dazugeben und mit dem Weißwein ablöschen. Kartoffeln in den Topf geben und unter Rühren anschwitzen. Eine Kelle heißer Brühe und das Lorbeerblatt dazugeben und bei geringer Hitze unterrühren, bis die Brühe aufgenommen ist. Während des Rührens immer wieder Brühe dazugeben, bis die Kartoffeln fast gar sind. Topf von der Hitze nehmen. Sahne zum Kartoffelrisotto gießen und so lange rühren, bis diese komplett aufgenommen ist. Mit Meersalz, Pfeffer und etwas Muskatnuss abschmecken. Apfelwürfel und Rosmarin dazugeben. Topf wieder erhitzen und die Kartoffeln fertig garen. Kurz vor Fertigstellung den Parmesan und die Butter dazugeben.

Semmeln in dünne Scheiben schneiden, mit heißer Suppe aufgießen und zum Kochen bringen. Nach einigen Minuten soll eine breiartige Masse entstehen. Mit dem Schneebesen verschlagen, mit Salz und Pfeffer würzen und geriebenen Kren einrühren.

Den Tafelspitz mit Gemüse, Rindssuppe und gerissenem Meerrettich anrichten. Kartoffelrisotto und Semmelkren separat dazugeben.

ROULADE SURF

Zutaten
Für 4 Portionen

Roulade von Rindsfilet und Scampi
400 g Rindsfilet
8 Scampi (8/12)
Salz
schwarzer Pfeffer aus der Mühle
1 Knoblauchzehe
Olivenöl
100 g Hühnchenfilet
50 ml Schlagsahne
abgeriebene Schale einer Limette
1 Majoranzweig
4 Blatt Mangold
200 g gut gewässertes Schweinenetz
etwas Limettensaft

Ingwer-Gurken
1 Salatgurke
1 EL Olivenöl
weißer Pfeffer aus der Mühle
1 TL Limettensaft
1 EL fein geriebener Ingwer
Meersalz

Trüffeljus
150 g Rindsknochen
300 g Parüren
Pflanzenöl
50 g geschälte und grob gewürfelte Karotten
50 g gewaschener und in grobe Ringe geschnittener Lauch
30 g geschälter und grob gewürfelter Knollensellerie
2 geschälte und grob gewürfelte Schalotten
1 Lorbeerblatt
3 Pimentkörner
2 Kardamomkapseln
5 weiße Pfefferkörner
50 ml Madeira
100 ml trockener Rotwein
15 g gehackte schwarze Trüffel
30 g kalte Butterwürfel

AND TURF

MIT INGWER-GURKEN UND TRÜFFELJUS

Zubereitung
Rindsfilet in 100 g Steaks schneiden und ganz flach klopfen. Scampi schälen, waschen und den Darm entfernen. Mit Salz, Pfeffer, Knoblauch und Olivenöl würzen. Das Hühnchenfilet mit Sahne, Salz, Pfeffer, Limettenschale und gezupftem Majoran zu einer glatten Farce mixen. Mangold für 2 Minuten im kochenden Wasser blanchieren, danach in Eiswasser abkühlen. Farce auf den Rindsfilets flach aufstreichen, Mangold darauf legen und jeweils 2 Scampi in die Mitte setzen. Jeweils zu einer Roulade rollen, in das Schweinenetz einwickeln und von allen Seiten scharf anbraten. Im vorgeheizten Backrohr bei 100 °C ca. 20 Minuten gar ziehen lassen. Vor dem Anrichten schräg halbieren und mit einigen Tropfen Limettensaft beträufeln.

Gurke schälen, entkernen und in ca. 5 cm lange und 1 cm dicke Stifte schneiden. Diese im Olivenöl kurz anschwitzen, mit Limettensaft, Ingwer, Pfeffer und Meersalz abschmecken und ca. 30 Minuten ziehen lassen.

Knochen und Parüren in Öl scharf anbraten. Gemüse und die Gewürze dazugeben und weiter anbraten. Mit Madeira ablöschen, Rotwein angießen und alles mit Wasser bedecken. Aufkochen und abschäumen, dann Aromate dazugeben. Köchelnd langsam bis auf etwa 0,2 l einreduzieren. Anschließend passieren und entfetten. Das Ganze weiter reduzieren bis auf etwa 0,1 l. Mit einigen Spritzern Madeira abschmecken, Trüffel dazugeben und nicht mehr köcheln. Zum Binden mit der kalten Butter aufschlagen.

HIRSCH / RATATOUILLE-

Zutaten
Für 4 Portionen

500 g Hirschrücken, der Länge nach halbiert
schwarzer Pfeffer aus der Mühle
Meersalz
2 EL Olivenöl
100 g in dünne Scheiben geschnittener Speck
175 g Hühnerbrust
50 g Hirschabschnitte
10 g Butter
40 g gehackte Zwiebeln
1 gehackte Knoblauchzehe
1 Eiweiß
100 ml Schlagsahne

Enchilada (Maiscrêpe)
2 frische Maiskolben
20 g Butter
125 ml Crème double
60 g glattes Mehl
Salz
Pfeffer
Muskatnuss
Kreuzkümmel
2 Eigelb
1 Ei

Ratatouille
1 Zucchini
1 Aubergine
1 roter Paprika
1 gelber Paprika
1 fein gewürfelte Schalotte
1 fein gewürfelte Knoblauchzehe
1 EL Olivenöl
1 Rosmarinzweig, die Nadeln fein hacken
1 TL Tomatenmark
50 ml trockener Rotwein
Meersalz
schwarzer Pfeffer aus der Mühle

Trester-Trauben-Sauce
200 g Wildknochen
100 g Mirepoix (grob gewürfeltes Gemüse aus Karotte, Sellerie, Lauch, Zwiebel)
2 Lorbeerblätter
2 Stück Nelken
3 Wacholderbeeren
4 schwarze Pfefferkörner
2 Rosmarinzweige
etwas Piment
1 EL Tomatenmark
150 ml trockener Rotwein
30 g Johannisbeergelee
50 ml Cassis
etwas Wildgewürz
Tresterbrand
Waldhonig
50 g Butterwürfel
100 g halbierte und entkernte Trauben
1 TL fein gehackter Thymian

Zubereitung
Den Hirschrücken leicht pfeffern, in heißem Olivenöl von allen Seiten anbraten und salzen. Für die Farce die Pouletbrust, Hirschabschnitte, Butter, Zwiebel, Knoblauch, Eiweiß und Sahne mixen, und durch ein feines Sieb streichen, mit Salz und Pfeffer würzen.

Für den Maiscrêpe die Körner von den frischen Kolben ablösen. Die Körner in Butter andünsten und zusammen mit Crème double, Mehl, Salz, Pfeffer, Muskatnuss, Kreuzkümmel sowie Eiern in den Mixer geben und gut pürieren. In einer heißen Pfanne einen größeren runden, etwas dickeren Crêpe ausbacken.

Gemüse waschen. Zucchini und Aubergine zuerst in ca. 1 cm starke Scheiben schneiden und dann der Länge nach in 1 cm dicke Stifte. Den Paprika vierteln, entkernen, waschen und ebenfalls der Länge nach in ca. 1 cm starke Stifte schneiden. Schalotte und Knoblauch im Olivenöl glasig anschwitzen, Rosmarin hinzugeben, Tomatenmark kurz mit anschwitzen und mit dem Rotwein ablöschen. Mit Salz und Pfeffer würzen. Die Gemüsestifte damit bedecken und für ca. 5 Minuten im vorgeheizten Backofen bei 160 °C garen, danach bei Raumtemperatur auskühlen lassen.

Die Wildknochen klein hacken und mit dem Mirepoix anrösten. Lorbeerblätter, Nelken, Wacholderbeeren, schwarze Pfefferkörner, Rosmarin und Piment zugeben. Mit Tomatenmark tomatisieren und mit Rotwein ablöschen. Mit kaltem Wasser bedecken und ca. 6 Stunden köcheln lassen. Durch ein Tuch passieren. Mit Johannisbeergelee, Cassis und Wildgewürz auf ein Drittel einreduzieren. Mit etwas Tresterbrand und Honig abschmecken. Mit der Butter aufmontieren und darin Trauben und Thymian erhitzen.

Den gebackenen Crêpe auf eine Sushimatte legen, mit der Farce bestreichen, die Speckstreifen darauf hochkant auflegen und die Ratatouillestifte der Länge nach darauf platzieren. Den Hirschrücken rundherum leicht mit etwas Farce bestreichen, anschließend auf die Ratatouille setzen und in der Sushimatte fest einwickeln. Die Rolle kurz von allen Seiten in etwas Butter braten. Im vorgeheizten Backrohr bei 140°C ca. 50 Minuten garen. Auf Tellern anrichten und mit der Trester-Trauben-Sauce begießen.

Weinempfehlung
Hirsch braucht einen kraftvollen, vielschichtigen Rotwein wie z. B. den Chianti Classico aus dem Haus Querciabella. Das absolut biodynamisch arbeitende Weingut produziert einen Chianti, der mit seinen festen Tanninen, seiner Dunkelfruchtigkeit und seiner komplexen Struktur der Rebsorte Sangiovese einen tollen Begleiter dieses Gerichts abgibt.

ENCHILADA-MANTEL

AN TRESTER-TRAUBEN-SAUCE

FRIKASSEE / STUBENKÜKEN & LANGUSTE

MIT EINEM PFIFFERLING-SOUFFLÉ

Zutaten
Für 4 Portionen

Frikassee von Stubenküken und Languste
3 Stubenküken
1 Languste (350 g)
Meersalz
½ Lauchstange
¼ Sellerieknolle
2 Karotten
1 Lorbeerblatt
1 Petersilienzweig
1 EL Kümmel
5 angedrückte schwarze Pfefferkörner
3 EL Olivenöl
200 g grob geschnittenes Gemüse (Karotte, Fenchel, Sellerie, Zwiebel)
2 EL Cognac
200 ml Portwein
1 EL Tomatenmark
500 ml Hühnerbrühe
300 ml Schlagsahne
Meersalz
weißer Pfeffer aus der Mühle
1 Rosmarinzweig
40 g Butter
50 ml geschlagene Sahne
8 geschälte Fingerkarotten
1 TL Feinkristallzucker
10 g Butter
8 halbierte Minizucchini
4 gelbe Minikürbisse
1 EL Estragonblätter

Pfifferlingsoufflé
100 g geputzte und klein geschnittene Pfifferlinge
1 fein geschnittene Schalotte
1 EL Butter
2 Eier
1 geriebenes Brötchen
250 g Magerquark
1 Bund geschnittener Schnittlauch
1 gehacktes Majoranblatt
Salz
schwarzer Pfeffer aus der Mühle
Muskatnuss

Zubereitung
Keulen und Brüste der Stubenküken auslösen, Karkasse zerkleinern. Von einem Stubenküken das Fleisch von den Knochen lösen und grob zerteilen. Langusten unter fließendem kalten Wasser abspülen. Wasser mit Meersalz, grob geschnittenen Gemüsen, Kräutern und Gewürzen aufkochen, Langusten hineingeben, noch einmal aufkochen und 4 bis 5 Minuten ziehen lassen. Herausnehmen, 2 bis 3 Minuten ruhen lassen, halbieren und aus der Schale lösen. Scheren und Schwänze ausbrechen, Schale zerkleinern. Hühnerknochen und Langustenschale in etwas Olivenöl mit dem Gemüse anbraten, mit dem Cognac flambieren und dem Portwein ablöschen. Das Tomatenmark hinzugeben und kurz mit anschwitzen. Mit Hühnerbrühe (2 EL davon für später zurückbehalten) und Schlagsahne auffüllen, mit Salz und Pfeffer würzen. Rosmarinzweig dazugeben und alles ca. 40 Minuten köcheln lassen. Die ausgelösten Keulen und Brüste mit Salz und Pfeffer würzen und scharf anbraten. Die Sauce durch ein feines Sieb passieren. Angebratene Hühnerteile sowie grob zerteiltes Hühnchen in einen Bräter geben und mit der Sauce bedecken. Das ganze ca. 30 Minuten bei 120 °C im vorgeheizten Backofen schmoren lassen. Anschließend die Teile herausnehmen, Sauce um die Hälfte reduzieren, mit der kalten Butter aufmontieren und die geschlagene Sahne zugeben. Jetzt Hühnerteile, Langustenschwanz und Schere in die Sauce geben. Zwischenzeitlich die Fingerkarotten in Zucker, Butter und den 2 EL Hühnerbrühe garen. Zum Schluss die Zucchini und den Kürbis dazugeben. Beim Anrichten mit etwas Estragon bestreuen.

Pfifferlinge mit den Zwiebeln in Butter anrösten. Eier aufschlagen, verquirlen und mit den Brötchenbröseln vermengen. Die Pfifferling-Zwiebel-Mischung dazugeben und den Quark unterheben. Schnittlauch und Majoran unterziehen. Masse mit Salz, Pfeffer und Muskatnuss würzen. Eine Soufflé- oder Auflaufform ausbuttern, die Masse einfüllen und im vorgeheizten Backrohr bei 180 °C etwa 20 Minuten im Ofen backen.

Tipp: Zum Verfeinern können Sie die Schlagsahne durch kalte QimiQ, die am Ende zugegeben wird, ersetzen. Damit wird das Gericht leichter und die Sauce kann nicht ausflocken.

FEDERVIEH UND GEBRANNTES …

… sind neben ihren Kindern und dem Hof die Lieblingsbeschäftigungen von Helga und Josef Hackmair. Während Helgas Augenmerk dem Federvieh gilt, ist es bei Josef der Schnaps – irgendwie wundert mich die Reihenfolge nicht wirklich. Wie sie zum Geflügel gekommen ist, möchte ich von Helga wissen: „Angefangen hat alles als Hobby", fängt sie an zu erzählen, „früher hatten wir ja noch eine Schweinezucht. Allmählich kamen so nebenbei Weidegänse und Freilandenten dazu", fährt sie fort. Nachdem man dann mit der Schweinezucht aufgehört hatte, ging es erst so richtig los. „Zu Beginn kamen halt sämtliche Nachbarn, um bei uns ihre Weihnachtsgans zu kaufen. Heute kommen Kunden aus überall her", erzählt Helga stolz.

Es ist nicht wirklich verwunderlich, dass sich ihre Qualität herumgesprochen hat. Viel Liebe in puncto Pflege, große Laufflächen im Freien und keinerlei ergänzende Nahrungsmittel sind die Eckpfeiler dafür. Die Auswahl ist riesig und reicht von Weidegänsen und Freilandenten über Wild-, Mast- und Perlhühner bis zu Wachteln. „Welche Aufgabe hat Josef beim Federvieh?", frage ich. „Der erlegt den Fuchs, wenn er sich wieder einmal eine Gans schnappen will", erzählt Helga lachend – tatsächlich ist es schon einmal vorgekommen, dass Josef nachts raus musste, um im Stall einen Fuchs zu stellen. „Am nächsten Tag waren alle Nachbarn am Hof, um den erlegten Fuchs zu begutachten", erzählt Josef, der Schnapsbrenner, dem wir jetzt entlocken wollen, wie er zum Schnapsbrennen gekommen ist.

Josef „brennt“ nun seit fast 17 Jahren. Angefangen aus Neugierde, entwickelte es sich zu einem richtigen Geschäft: „Anfänglich habe ich gebrannt, um eigenen Schnaps im Haus anbieten zu können. Tja, und dann wollten irgendwann alle meinen Schnaps auch mitnehmen.“ Heute kann er eine Riesenauswahl an

Edelbränden wie Obstler, Zwetschke, Landbirne bis zu eigenen Kreationen wie Gelbmöstler, Kriecherl oder auch angesetzten Likören wie Nuss, Kirsch oder Felsenbirne anbieten.

Auch dieser Vormittag war wieder voller Informationen und leckerer Momente, es hat großen Spaß gemacht. Ich bin neugierig, was aus der neuesten Rasse von Helga wird – Steinhühner.

REHFILETSTRUDEL /

Zutaten
Für 4 Portionen

Rehfiletstrudel
400 g Rehrücken
schwarzer Pfeffer aus der Mühle
Meersalz
1 EL Olivenöl
80 g fein gehacktes Studentenfutter
2 große mehlige Kartoffeln
180 g in feine Scheiben geschnittene Steinpilze
1 fein gehackte Zwiebel
1 fein gehackte Knoblauchzehe
1 Thymianzweig
etwas Olivenöl
2 EL in feine Ringe geschnittener Schnittlauch
2 Blatt Filoteig
20 g geklärte Butter

Pflaumen-Zweigelt-Sauce
4 EL Olivenöl
1½ kg Rehknochen
600 g grob geschnittenes Gemüse (Sellerie, Karotte, Zwiebel)
3 ungeschälte, halbierte Knoblauchzehen
2 Tomaten
2 Thymianzweige
2 Rosmarinzweige
10 schwarze Pfefferkörner
3 Lorbeerblätter
1 EL Tomatenmark
500 ml Rotwein (z.B. Zweigelt)
1 l Kalbsfond
150 g halbierte und entkernte Pflaumen
2 fein gehackte Knoblauchzehen
40 g fein gewürfelte Schalotten
1 EL Olivenöl
1 EL Balsamicoessig
je 1 TL fein gehackter Thymian und Rosmarin
60 g Tomatenwürfel
1 EL gehackte Petersilie
20 g Butter
Meersalz
weißer Pfeffer aus der Mühle
1 EL Preiselbeermarmelade

STEINPILZEN

STUDENTENFUTTER UND PFLAUMEN-ZWEIGELT-SAUCE

Zubereitung

Rehfilet pfeffern, in heißem Olivenöl von allen Seiten anbraten, herausnehmen und salzen. Studentenfutter mit kaltem Wasser abspülen und trocken tupfen. In Rehfilet-Pfanne kurz durchschwenken. Für den Kartoffelstrudel die Kartoffeln weich kochen, schälen und durch eine Kartoffelpresse drücken. 100 g der Steinpilze zusammen mit Zwiebeln, Knoblauch und Thymian in Olivenöl scharf anbraten, danach kurz auskühlen lassen und den Schnittlauch dazugeben. Diese Masse gut vermischen und mit Salz und Pfeffer abschmecken. Die Filoteigblätter mit geklärter Butter bepinseln und mit den eingefetteten Seiten übereinander legen und in 4 etwa 10 x 20 cm große Stücke schneiden. Die Kartoffelmasse darauf verteilen und das Studentenfutter darüber streuen. Das Filet daraufsetzen und jeweils zu einem Strudel aufrollen. Die 4 Strudelröllchen im vorgeheizten Backofen bei 200°C 10 bis 12 Minuten backen. Die restlichen Steinpilze kurz in Olivenöl anbraten, mit Salz und Pfeffer abschmecken und als Garnitur dazugeben.

Olivenöl erhitzen und Rehknochen von allen Seiten anrösten. Gemüse, Knoblauch und Tomaten dazugeben und mitrösten. Thymian, Rosmarin, Pfefferkörner, Lorbeerblatt und Tomatenmark dazugeben, kurz mitrösten und mit Rotwein und Kalbsfond auffüllen. Die Sauce nun ca. 2 ½ Stunden köcheln lassen. Zwischendurch immer wieder das Fett abschöpfen. Anschließend durch ein feines Tuch passieren. Pflaumen, Knoblauch sowie Schalottenwürfel in heißem Olivenöl anbraten und mit Balsamicoessig ablöschen. Thymian und Rosmarin zugeben und die passierte Rehsauce daraufgießen. Tomatenwürfel und gehackte Petersilie dazugeben, Butter einrühren und mit Salz, Pfeffer sowie Preiselbeermarmelade abschmecken.

Anrichtevorschlag

Je einen Strudel anschneiden und gemeinsam mit Steinpilzen und Pflaumensauce anrichten.

Weinempfehlung

Da das Gericht mit einer Zweigeltsauce verfeinert wird, ist auch ein Zweigelt der ideale Begleiter dazu. Der Zweigelt Reserve vom Weingut Sepp Moser ist ein perfekter Wein, weil er die Zartheit des Rehs betont, mit seiner Eleganz nicht dominiert und sich in der Sauce wiederfindet.

LOHBERGER

Wenn man bei uns im Almtal über die Jagd spricht, muss man Zeit mitbringen. Seitdem ich in Gmunden mit meinem Kochstudio logiere, beziehe ich mein Wild direkt aus dem Almtal. Das mache ich nicht nur, weil ich privat hier lebe oder unsere Region durch Prinz Ernst August von Hannover bekannt geworden ist, sondern weil hier dafür ideale Bedingungen herrschen. Während der Recherchen zu diesem Buch war ich natürlich auch bei Almtaler Jägern zu Besuch. Dr. Alois Danninger und Franz Bammer, beide Jagdpächter in der Jagdgenossenschaft Scharnstein, nahmen sich in ihrem Revier Bräuberg-Hamberg „a bisserl" Zeit für mich. An diesem Morgen, natürlich wie es sich gehört nach der Frühpirsch, wurde ich mit Bier und einer guten Jause ausführlich über die Jagd im Almtal aufgeklärt.

„Wild", so erzählt mir Franz, „war bei den Burgherren und Grafen der Herrschaft Scharnstein ein wesentlicher Bestandteil auf den Speisezetteln und hat bis heute Bestand." Die Jagd war bis Mitte des 19. Jahrhunderts nur dem hohen und niedrigen Adel vorbehalten. Die hohe Jagd war ausschließlich dem hohen Adel (Kaiser und Landfürsten) und das Reißgejaid (niedere Jagd) dem niederen Adel (Grafen und Freiherrn) vorbehalten. Zur hohen Jagd gehörten Rotwild, Schwarzwild und Gams, zur niederen Jagd Reh, Hase, Rebhuhn, Ente usw. Erst ab der Mitte des 19. Jh., als die Grundherrschaft aufgehoben wurde, ist auch die Jagd für Bürger und Bauersleute legal möglich geworden. Zu dieser Zeit wurden auch gesetzliche Grundlagen für die Nutzung der Jagd geschaffen.

Heute gibt es Eigenjagd- und Genossenschaftsjagdgebiete, dies ist abhängig von der zusammengehörenden Grundstücksfläche. Im Almtal (Scharnstein und Grünau) gibt es momentan dreißig Eigenjagden und drei Genossenschaftsjagden. Der Abschuss in den Jagdgebieten wird gesetzlich mit einer Abschussplanverordnung vorgegeben und limitiert. Der Jäger ist dadurch auch Heger und Pfleger. Einerseits ist er verantwortlich dafür, dass ein artenreicher Wildbestand erhalten bleibt. Andererseits muss er darauf achten, dass die Natur durch den Wildbestand keinen Schaden erleidet.

Wild ist auch ein saisonales Nahrungsmittel, wie z. B. der Maibock oder das Schmalreh (1-jähriges Rehwild), die als erste Schalenwildart im Jahreslauf geschossen werden (auf dem Foto nach erfolgreicher Frühpirsch von Franz erlegt). „Die Wildbrätqualität wird strengen Kontrollen nach dem sogenannten Wildbräthygienegesetz unterzogen, um den Konsumenten erstklassige Qualität zu garantieren", versichert mir Alois. Er lässt es sich im Übrigen nicht nehmen, mir zum Abschluss voller Stolz seine neue Jagdhütte zu zeigen.

Dieser kleine „Jagdausflug" war für mich ein Erlebnis, da er mir gezeigt hat, mit welcher Begeisterung und Sorgfalt die Jagd in unserer Region betrieben wird – eben nicht zuletzt wegen Jägern wie Franz und Alois. Am Ende unsers Gespräches wird es hektisch, denn Alois ist anschließend zum Wettkampf im Tontaubenschießen gemeldet und Franz, der für die Wildkammer zuständig ist, denkt nur an Qualität und Frische und möchte das erlegte Wild so schnell wie möglich dorthin bringen.

Ich wünsche allen viel Spaß beim Nachkochen meines Rezeptes und darf von der Almtaler Jägerschaft einen „Guten Appetit" wünschen.

Bedanken möchte ich mich noch bei Alois, der unser Treffen organisierte und bei Franz, der mir auch im Nachhinein für redaktionelle Fragen zur Verfügung stand, und nicht zuletzt bei der Almtaler Jägerschaft mit allen Mitgliedern.

CHORIZO / MAIS

POULARDENBRUST
MIT MAIS-TORTILLA-KNÖDEL UND TOMATENSALSA

Zutaten
Für 4 Portionen

Gefüllte Maispoularde
4 Maispoulardenbrüste
20 g Butter
2 in feine Würfel geschnittene Schalotten
1 gehackte Knoblauchzehe
100 g feinwürfelig geschnittener Chorizo
50 g feinwürfelig geschnittener Cheddar
1 EL fein gehackte Petersilie
1 TL fein gehackter Koriander
70 g Weißbrotwürfel ohne Rinde
1 Eigelb
Meersalz
schwarzer Pfeffer aus der Mühle
1 Msp. Kreuzkümmel
etwas Öl

Mais-Tortilla-Knödel
250 g Poulardenabschnitte
300 g Mais
1 Zwiebel
3 EL Öl
1 kleine entkernte und fein gehackte Jalapeño-Chili
Meersalz
schwarzer Pfeffer aus der Mühle
je 1 Msp. gemahlener Kreuzkümmel und Koriander
250 g glattes Mehl
125 ml lauwarmes Wasser
150 g gehackte Kräutermischung (Petersilie, Koriander, Majoran)

Tomatensalsa
2 gewürfelte Rispentomaten
½ gehackte rote Zwiebel
1 fein pürierte Knoblauchzehe
1 Stück gehackte Jalapeño-Chili

Zubereitung
Die Maispoulardenbrüste auf einer Seite längs aufschneiden und auseinanderklappen. Butter in einer Pfanne zerlaufen lassen und Schalotten sowie Knoblauch darin andünsten. Chorizo-, Cheddar-, Weißbrotwürfel, Petersilie und Koriander dazugeben. Vom Herd nehmen und Eigelb einrühren. Mit Salz, Pfeffer und Kreuz- kümmel würzen. Anschließend die Masse auf eine Seite der aufgeklappten Poulardenbrust füllen. Brüste zusammenfalten und mit Nadel und Bindfaden leicht zusammennähen. Die Brüste in heißem Öl zuerst von der Hautseite anbraten, mit Salz und Pfeffer würzen und umdrehen. Im vorgeheizten Backofen bei 180 °C ca. 10 Minuten fertig garen.

Fleischabschnitte im Fleischwolf zerkleinern. Mit Mais, Zwiebel, Öl sowie Chili vermischen und mit den Gewürzen abschmecken. Mehl mit Wasser zu einem nicht zu festen Teig verarbeiten und daraus Küchlein von ca. 5 cm Durchmesser formen. Auf jedes Küchlein etwas Fülle geben und zusammenklappen. Knödel mit den Händen zu Kugeln formen und in siedendem Salzwasser ca. 15 Minuten kochen. Anschließend in der Kräutermischung wälzen.

Alle Zutaten miteinander vermengen und 30 Minuten ziehen lassen.

SÜSSERS SÜSSES

DAS HAT EIN NACHSPIEL

Käsenudeln

Verhackerts

Birne

Spargel & Rhabarber

Buttermilch

Eier

Mehl

Schaf

ALMTALER KÄSENUDELN
IN EINER GRANNY-SMITH-SUPPE UND APFEL-CALVADOS-ESPUMA

Zutaten
Für 4 Portionen

Käsenudeln
200 g glattes Mehl
250 g Quark
Prise Salz
30 g Butter
2 Eier
4 Äpfel (Jonagold oder Boskoop)

Granny-Smith-Suppe
5 Granny-Smith-Äpfel
250 ml trockenen Weißwein
250 ml naturtrüber Apfelsaft
Saft einer Zitrone
1 EL Honig
Mark einer halben Vanilleschote
50 g Rohrzucker
4 cl Apfelbrand
30 g Butter

Apfel-Calvados-Espuma
500 g Äpfel (Boskoop)
450 ml Apfelsaft
80 g Feinkristallzucker
4 Blatt Gelatine
50 ml Calvados

Zubereitung
Mehl auf eine Arbeitsplatte sieben, Quark, Salz, Butter und Eier dazugeben und zu einem Teig kneten. Äpfel schälen, entkernen und in Spalten schneiden. Den Teig in ca. 12 Stücke teilen, flach drücken, Äpfel darauflegen, mit dem Teig einschlagen und längliche, daumendicke Nudeln formen. In einer Pfanne Butter leicht erhitzen, die „Kasnudeln" hineingeben und mit einem Deckel die Pfanne kurze Zeit schließen. Zwischendurch die Nudeln wenden. Wenn sie von allen Seiten schön braun sind, mit etwas Rohrzucker bestreuen.

Äpfel halbieren, schälen und das Kerngehäuse entfernen. Apfelhälften mit Weißwein, Apfelsaft, Zitronensaft, Honig, Vanilleschotenmark, Zucker und Apfelbrand aufkochen, ca.15 Minuten köcheln lassen und anschließend mit der Butter mixen.

Äpfel schälen, entkernen und in Stücke schneiden. Zusammen mit Apfelsaft und Zucker weich kochen, pürieren und durch ein feines Sieb passieren. Die Gelatine in kaltem Wasser einweichen, ausdrücken und mit etwas von der Apfelmasse erhitzen. Restliche Masse sowie Calvados darunterrühren. Abkühlen lassen und anschließend in den 1-l-ISI-Gourmet-Whip einfüllen. Nacheinander 2 Sahnekapseln aufschrauben und kräftig schütteln. Im Kühlschrank vor dem Servieren einige Stunden kalt stellen.

Anrichtevorschlag
Die Granny-Smith-Suppe in ein etwas höheres Gefäß so einfüllen, dass die Calvados-Espuma darauf gesprüht gut zur Geltung kommt. Die gebackenen Apfelspalten separat dazu servieren.

GRIESSAUFLAUF

MIT VERHACKERTS VON DER ZWETSCHKE UND SORBET

Zutaten
Für 4 Portionen

Grießauflauf
1 l Buttermilch
200 g Weizengrieß
150 g Feinkristallzucker
Mark einer Vanilleschote
1 Ei
Prise Salz
10 g Backpulver
200 g entkernte und halbierte Zwetschken

Verhackerts von der Zwetschke
500 g entkernte und halbierte Zwetschken
50 g Feinkristallzucker
2 cl Meyers Rum
je ½ Vanille- und Zimtstange

Zwetschkensorbet
400 g entkernte Zwetschken
200 ml Wasser
100 ml Pflaumenwein
1 TL Zitronengraspulver
100 g Kristallzucker
1 Prise Zimtpulver
5 g Zwetschkenschnaps (40 %)

Zubereitung
Buttermilch in eine größere Rührschüssel geben. Grieß, Zucker, Vanillemark, Ei, Salz sowie Backpulver dazugeben und alles gut verrühren. Die Masse (Achtung: Ist sehr flüssig!) in ausgefettete Timbaleformen füllen. Die Zwetschken gleichmäßig verteilt in die Grießmasse hineindrücken und dann im vorgeheizten Backrohr bei 160 °C ca. 30 Minuten goldgelb backen.

Die Zwetschken in Würfel schneiden und gemeinsam mit den restlichen Zutaten bei kleiner Hitze einkochen.

Zwetschken mit Wasser, Pflaumenwein, Zitronengraspulver, Zucker und Zimt aufkochen. Abkühlen lassen. Zwetschkenschnaps dazugeben und alles gut mischen. Bei -20 °C 24 Stunden im Pacojet-Becher gefrieren.

EISZEIT ...

... IST ZUR FREUDE DER ALMTALER IN GRÜNAU SEIT 2002

Heute habe ich mich zur Eisproduktion bei Jürgen Bleij angemeldet. Jürgen ist ein gebürtiger Holländer aus 's-Gravendeel bei Rotterdam. Wie er mir bei meinem Besuch erzählt, war für ihn schon immer klar, dass er sich irgendwann selbstständig machen würde. Bevor er aber die harte Schule des Eismachens erlernte, hat er eine Ausbildung im kaufmännischen Einzelhandel erfolgreich absolviert.

Die Leidenschaft zum Eis entwickelte er bei Freunden der Eltern, die eine eigene Eisdiele hatten. Nicht selten hat er die Wochenenden bei ihnen verbracht und mit seinen Eiskreationen sammelte er Urkunden und Auszeichnungen wie andere Briefmarken. Vor etwa sechs Jahren startete er dann als erster Vollmilch-Eis-Produzent mit Milch von Bauern aus dem Almtal seine Firma „Delifarm". Der Name ist eine Kombination aus Delikatessen und Bauernhof, verrät mir der smarte Holländer.

Sein Spezialgebiet liegt in der Erzeugung von Speiseeis, Eistorten und köstlichen Eiskreationen. Mittlerweile hat er einen großen, zufriedenen Kundenstamm im Gastrobereich, den er nach wie vor persönlich beliefert: „Manchmal wird es mir fast zu viel, aber ich mache es gerne. Denn so bin ich nach wie vor beim Kunden präsent und kann bei etwaigen Problemen sofort reagieren." Aber Jürgen wäre nicht Jürgen wenn er nicht schon voraus denken würde. Seit 2006 produziert er auch sein Premium-Eis exklusiv für namhafte Großhändler.

Ich lasse nun schon seit einigen Jahren mein Eis für größere Veranstaltungen von Jürgen produzieren. Was mich bei ihm immer wieder beeindruckt, ist seine akribische Tüftelei bei der Erfindung neuer oder auch der Verbesserung oder Neuentdeckung klassischer Eissorten. Ich kann mich bestens erinnern, als er sein Vanille-Eis neu entwickelt hat – ich habe während dieser Zeit so viel Eis gegessen wie nie zuvor, was mich sicher einiges an satten Kilo auf der Waage gekostet hat.

BIRNEN-CORDON-BLEU

MIT PREISELBEERSCHAUM SOWIE WILLIAMS- UND KARAMELLWÜRFEL

Zutaten
Für 4 Portionen

Birnen-Cordon-bleu
2 Birnen
etwas Rohrzucker
2 gehackte Walnüsse
50 g dünne Scheiben Blauschimmelkäse
etwas glattes Mehl
2 aufgeschlagene Eier
100 g getrocknete und
geriebene Brioche
etwas Butterschmalz

Preiselbeerschaum
250 g Preiselbeeren
200 ml Birnensaft
2 Nelken
1 Zimtstange
6 EL Rohrzucker
Mark einer Vanilleschote
6 EL Wasser
1 TL Agar-Agar
3 Eiweiß

Williamsbirnen-Gelee-Würfel
100 ml Glucose (Zuckersirup, im Fachhandel und in Apotheken erhältlich)
100 ml Williamsbirnenbrand
2 Blatt Gelatine

Karamell-Gelee-Würfel
300 g Feinkristallzucker
3 Blatt Gelatine

evtl. Minze zum Dekorieren

Zubereitung
Birnen schälen, halbieren und die Kerne mit einem Kugelausstecher vorsichtig herausnehmen (aufpassen, dass die Mulde nicht zu tief wird). Rohrzucker mit den Walnüssen vermischen, darin den Blauschimmelkäse wenden. Die Birnenhälften nochmals der Länge nach in zwei Scheiben schneiden, zwischen beide Hälften den Käse legen. Die gefüllten Birnenhälften in Mehl, Ei wenden und anschließend in Brioche panieren. In etwas Butterschmalz ausbacken.

Preiselbeeren mit dem Birnensaft und den Gewürzen bei kleiner Hitze köcheln lassen, bis eine dickliche Sauce entsteht. Auskühlen lassen. Rohrzucker mit Vanillemark, Wasser und Agar-Agar 5 Minuten lang zu einer dickflüssigen Karamellsauce einkochen lassen. Das Eiweiß zu Schnee schlagen, anschließend die ausgekühlte Karamellsauce sowie die Preiselbeermasse unterheben.

Zuckersirup und Birnenbrand mischen. Die eingeweichte Gelatine mit 2 EL der Mischung erwärmen, danach mit dem Rest mischen. Gelieren lassen und in Würfel schneiden.

Zucker karamellisieren. Gelatine in kaltem Wasser einweichen. Karamell in einem flachen Gefäß mit 0,2 l Wasser aufkochen, mit Gelatine mischen, gelieren lassen und in Würfel schneiden.

Anrichtevorschlag
Die ausgebackenen Birnen gemeinsam mit den Geleewürfeln anrichten, Preiselbeerschaum dazugeben und evtl. mit Minze dekorieren.

Weinempfehlung
Zu diesem Dessert gehört ein Süßwein, der sich aber noch nicht ganz so süß präsentiert, damit der Wein die Feinheit der Birne nicht erschlägt. Die Beerenauslese vom Weingut Ernst Triebauer aus den Rebsorten Chardonnay und Welschriesling ist der perfekte Begleiter, weil die Frische von den Rebsorten die Birnenfrucht betont und die cremige Süße die Karamellwürfel unterstützt.

Zutaten
Für 4 Portionen

Stanitzel
500 g Marzipan
330 g Puderzucker
160 g Eiweiß
1 Vanilleschote
160 g glattes Mehl
160 g Milch
40 g Schlagsahne

Spargelcreme
200 g weißer Spargel
1 l Wasser
30 g Butter
70 g Kristallzucker
Prise Salz
Saft einer halben Zitrone
70 g Butter
3 Eigelb
1 Vanilleschote
1 EL Ahornsirup
150 ml Milch
4 Blatt Gelatine
180 g geschlagene Sahne
etwas Whiskey

Rhabarbercreme
350 g Rhabarber
200 ml Orangensaft
100 g Feinkristallzucker
1 Vanilleschote
½ TL geriebener Ingwer
3 Eigelb
50 ml trockener Weißwein
100 g Puderzucker
4 Blatt Gelatine
3 Eiweiß
250 g Schlagsahne

Walderdbeeren und Zitronenmelisse zum Garnieren

Zubereitung
Marzipan, Puderzucker, Eiweiß und Vanilleschote verkneten. Dann die übrigen Zutaten verrühren und unter die Marzipanmasse geben. Ein Backblech mit Butter bepinseln und mit etwas Mehl bestäuben. Mithilfe einer Schablone dünne Rechtecke von etwa 8 x 12 cm aufstreichen. Im vorgeheizten Rohr bei 200 °C 6 bis 8 Minuten goldgelb backen. Die goldbraun gebackenen Rechtecke noch heiß vom Blech nehmen. Mithilfe einer Form zu trichterförmigen Stanitzeln drehen, auskühlen lassen.

Spargel schälen und Enden ca. 1,5 cm abschneiden. Wasser mit Butter, 1 EL Zucker, Salz und Zitronensaft zum Kochen bringen. Gelatine in kaltem Wasser einweichen. Spargel weich kochen, anschließend mit etwas von dem Spargelfond pürieren und durch ein Sieb streichen. Eigelb, restlichen Zucker, Vanillemark und Ahornsirup schaumig rühren. Milch erhitzen und während ständigem Rühren Eigelbmasse daübergießen. Über einem Wasserbad zu einer cremigen Konsistenz aufschlagen. Die ausgedrückte Gelatine zugeben und anschließend die Masse über Eiswasser kalt schlagen. Spargelpüree sowie geschlagene Sahne unter die Masse heben, mit etwas Whiskey verfeinern. Die Masse in einen Spritzsack füllen und ca. 4 Stunden kühlen.

Rhabarber schälen und in Stücke schneiden. Orangensaft, Zucker, Vanilleschote und Ingwer gemeinsam mit dem Rhabarber weich kochen. Wenn die Flüssigkeit gänzlich verkocht ist, Vanilleschote herausnehmen, Mischung mixen und durch ein feines Sieb pürieren. Eigelb, Weißwein und Puderzucker im Wasserbad schaumig schlagen. Die zuvor in kaltem Wasser eingeweichte Gelatine ausdrücken und zur aufgeschlagenen, noch warmen Eigelbmasse geben und auflösen. Rhabarberpüree darunterheben und etwas auskühlen lassen. Eiweiß zu festem Schnee schlagen und gemeinsam mit der geschlagenen Sahne unter die Rhabarbermasse heben. Die Masse in einen Spritzsack füllen und ca. 4 Stunden kühlen.

Anrichtevorschlag
Die beiden vorbereiteten Cremen jeweils kurz vor dem Servieren abwechselnd in die Stanitzel füllen. Mit Walderdbeeren und Zitronenmelisse garnieren.

Weinempfehlung
Perfekt zu fruchtigen Desserts passt immer ein Moscato d'Asti aus dem Piemont. Die „säuerlichen" Früchte wie Rhabarber und Spargel brauchen einen süßlichen Gegenpart, die Perlage macht das Dessert leicht und frisch. Der Moscato d'Asti von den Rivetti-Brüdern/Weingut Spinetta harmoniert deshalb hervorragend dazu.

Tipp: Bei beiden Cremen können Sie die Schlagsahne teilweise und die Gelatine komplett durch QimiQ ersetzen. Damit wird das Gericht leichter und Sie ersparen sich das Auflösen der Gelatine. Außerdem hält die Creme die Feuchtigkeit von Rhabarber und Spargel besser und bleibt länger frisch.

STANITZEL MIT SPARGEL- UND RHABARBERCREME

ERDBEER-BUTTER

Zutaten
Für 4 Portionen

Erdbeersuppe
250 g Erdbeeren
40 ml Grenadine
100 ml trockener Weißwein
Saft einer halben Limette
2 Minzezweige
1 Blatt Gelatine

Sauerrahmnocken
100 g Sauerrahm
50 g Feinkristallzucker
Saft einer halben Zitrone
2 Blatt Gelatine
125 ml Schlagsahne

Buttermilch
200 ml Buttermilch
Saft einer halben Limette
1 TL Holundersirup
2 EL Crushed Ice
1 TL Basilikum
1 EL Walderdbeeren

Zubereitung
Erdbeeren waschen, entstielen und in Stücke schneiden. In einem Topf Grenadine, Weißwein und 100 ml Wasser aufkochen. Die Erdbeeren darin einmal aufkochen, dann vom Herd nehmen und mit Limettensaft abschmecken. Gelatine in kaltem Wasser einweichen. Die Minze an den Enden zusammenbinden und für etwa 30 Minuten in die heiße Erdbeersuppe hängen. Gelatine ausdrücken und in der noch heißen Suppe auflösen. Nach etwa einer Stunde die Erdbeersuppe im Standmixer pürieren, durch ein feines Sieb streichen und kalt stellen.

Gelatine in kaltem Wasser einweichen. Sauerrahm vorsichtig erhitzen, mit Zucker und Zitrone abschmecken. Gelatine ausdrücken, in der warmen Masse auflösen und auskühlen lassen. Sahne aufschlagen, zur ausgekühlten Masse geben und für mindestens 4 Stunden kühl stellen.

Buttermilch zusammen mit Limettensaft, Holundersirup und Eis mit dem Stabmixer schaumig mixen. Kurz vor dem Servieren die gewaschenen Waldbeeren und das fein geschnittene Basilikum unterheben.

Anrichtevorschlag
Die Erdbeersuppe etwa 4 cm hoch in Gläser füllen. Mit zwei Teelöffeln kleine Sauerrahmnocken formen und in die Erdbeersuppe setzen. Mit Buttermilch aufgießen und servieren.

MILCH-CAPPUCCINO

Zutaten
Für 4 Portionen

Eierlikörcreme
80 g Butter
5 Eigelb
100 g Feinkristallzucker
125 g weiße Kuvertüre
1 EL Rum
3 EL Eierlikör
200 g gemahlene Mandeln
2 EL glattes Mehl
1 Msp. Backpulver
5 Eiweiß

Eierlikör-Espuma
175 g weiße Kuvertüre
2 Eier
1 Eigelb
50 ml Eierlikör
250 ml Schlagsahne

Zubereitung
Kuvertüre in einer Schüssel im Wasserbad langsam schmelzen. Butter, Eigelb, Zucker und geschmolzene Kuvertüre gemeinsam cremig rühren. Rum, Eierlikör, Mandeln, Mehl und Backpulver zufügen. Eiweiß steif schlagen und vorsichtig unterheben. Die Masse in kleine gefettete Timbaleformen geben und im vorgeheizten Backrohr bei 150 °C eine Stunde backen.

Kuvertüre in einer Schüssel im Wasserbad schmelzen. Danach zusammen mit den Eiern und dem Eigelb über Dampf schaumig schlagen. Eierlikör sowie Schlagsahne untermischen. Die Masse in eine ½-l-ISI-Gourmet-Whip einfüllen, eine Sahnekapsel aufschrauben und vor dem Servieren ca. eine Stunde kühlen.

GEBACKENE EIERLIKÖRCREME

UND EIERLIKÖR-ESPUMA

SCHOKOLADE-

Zutaten
Für 4 Portionen

Schokolade-Canelloni
160 g dunkle Kuvertüre
4 Röhrchen mit 5 cm Durchmesser
Kakaopulver
Plastikfolie

Maracujamousse
5 Eigelb
75 g Feinkristallzucker
150 ml Maracujasaft
100 ml Milch
350 ml Schlagsahne
3 Blatt Gelatine

Bananenglace
125 g geschälte Bananen
125 ml Glucose (Zuckersirup, im Fachhandel oder in der Apotheke erhältlich)
75 ml Milch
100 g Sauerrahm

Zubereitung
Kuvertüre im Wasserbad schmelzen. Temperierte Kuvertüre dünn auf die ausgebreitete Folie streichen und etwas anziehen lassen. Aluminiumröhrchen mit der Kuvertüre umrollen und an den Enden kleine Kragen formen. Kuvertüre gut anziehen lassen, vom Rohr herunterziehen und die außen liegende Folie abziehen. Cannelloni mit Kakaopulver bestäuben, so dass sie einen schönen samtigen Mantel erhalten.

Milch und 100 ml Sahne gemeinsam aufkochen, Maracujasaft, Zucker und Eigelb zugeben und im Wasserbad dicklich aufschlagen. Die in kaltem Wasser eingeweichte Gelatine ausdrücken. In die noch warme Masse geben und auskühlen lassen. Restliche Sahne steif schlagen und unterheben. Die Mousse in einen Spritzbeutel füllen und mindestens 3 Stunden kühlen. Kurz vor dem Anrichten die Cannelloni damit befüllen.

Bananen in Stücke schneiden. Alle Zutaten mischen und in einen Pacojet-Becher füllen. Bei -20 °C 24 Stunden gefrieren. Kurz vor dem Servieren aufschaben, eventuell zur besseren Verarbeitung leicht erwärmen.

Anrichtevorschlag
Witzig ist es, die mit Mousse gefüllten Cannelloni in einem Zigarrenaschenbecher anzurichten, je eine halbe Maracuja dazuzulegen und mit der Bananenglace zu verzieren.

Weinempfehlung
Zu Schokoladedesserts ist ein Portwein der ideale Begleiter. Die ausladenden Aromen eines Portweins und die sich wiederfindenden Schokonoten eines Vintage Ports harmonieren deswegen perfekt. Der Vintage Port 2003 aus dem Traditionshaus Niepoort unterstützt die Schokonoten, „erschlägt" aber nicht die tollen Fruchtaromen.

CANNELLONI

MIT MARACUJAMOUSSE UND BANANENGLACE

SCHAFKÄSE-

Zutaten
Für 4 Portionen

Schafkäse-Frühlingsrolle
100 g Schafkäse
etwas Honig
2 Blatt gehackter Salbei
1 gehackter Thymianzweig
etwas gehobelte grüne Nüsse
Frühlingsrollenteig
Rapsöl

Pumpernickelflan
200 g Pumpernickel
3 Eier
100 ml Milch
Salz
Pfeffer

Süßes Kräuterpesto
50 g gemischte Kräuter (Petersilie, Kerbel, Basilikum)
1 EL Pinienkerne
4 EL Traubenkernöl
2 EL Läuterzucker (Wasser:Zucker = 1:1)
2 EL weiße geriebene Kuvertüre
1 Spritzer Zitronensaft

Grüne Nüsse
(siehe Rezept Seite 81)

Zubereitung
Schafkäse mit Honig, Salbei und Thymian vermengen. Die Masse in einen Spritzbeutel geben und die Öffnung ca. 2 cm groß aufschneiden. Anschließend ca. 5 cm lange Röllchen auf ein Blech aufspritzen und diese für ca. 15 Minuten in den Tiefkühler geben. Zwischenzeitlich die gehackten Nüsse ohne Fett in einer Pfanne anrösten. Darin die Schafkäserollen leicht panieren. Die Rollen in den Frühlinsrollenteig einwickeln und im Öl ausbacken.

Pumpernickel gemeinsam mit Eiern, Milch, Salz und Pfeffer mixen. Masse in eine feuerfeste Form geben und im Wasserbad abgedeckt 20 Minuten pochieren. Danach auskühlen lassen und in passende Portionen schneiden.

Pinienkerne in der Pfanne ohne Fett leicht rösten, danach auskühlen lassen. Gewaschene und gezupfte Kräuter, Traubenkernöl, Läuterzucker, Kuvertüre und Zitronensaft fein mixen.

Anrichtevorschlag
Die Frühlingsrolle mit dem gestürzten Pumpernickelflan anrichten, mit dem süßen Pesto und eventuell einem frittierten Basilikumblatt verzieren.

Weinempfehlung
Zu diesem Käsegericht passt ein deutscher Riesling mit etwas Restsüße. Die Säure eines Rieslings harmoniert mit der Cremigkeit des Schafkäses, der Süße des Pestos und den Nüssen. Der Riesling Spätlese Königsberger Ölberg vom Weingut Christmann aus der Pfalz ist der perfekte Begleiter zu diesem Dessert.

FRÜHLINGSROLLE

MIT PUMPERNICKELFLAN, SÜSSEM PESTO UND GRÜNEN NÜSSEN

„OVIS ORIENTALIS ARIES“ – VULGO DAS HAUSSCHAF

Bei Familie Moser in St. Konrad bekommt man mit Abstand das Beste, was das Schaf so hergibt. Als ich mit Thomas Ruhl zum Fototermin vorbeischaue, werden wir von Anna und Schwiegertochter Monika erstmal herzlich begrüßt und natürlich erhalten wir sofort ein gutes Kaffeetscherl – mit Schafsmilch versteht sich!

Seit mehr als dreißig Jahren sind Schafe ein wesentlicher Bestandteil auf dem Hof, erklärt uns Anna Moser. Sie und ihr Mann Karl haben mit zwei Milchschafen angefangen – damals wurde natürlich noch mit der Hand gemolken, nach der Aufstockung des Viehbestandes allerdings dann schon mit Melkzeug. Im Stall erfahre ich später am eigenen Leib oder besser an den eigenen Händen, was es heißt, manuell zu melken – das hat vielleicht gedauert, bis da ein Ergebnis zu sehen war.

Während sich Karl um den Hof kümmerte, eignete sich Anna durch verschiedene Kurse zum Thema Käsemachen ein enormes Fachwissen an, wie man bei einem Besuch sofort merkt – und natürlich auch schmeckt. Das dabei Gelernte hat sie sofort in die Praxis umgesetzt und immer wieder verbessert. Und es hat sich in Anbetracht der heutigen Qualität durchaus gelohnt. Nicht umsonst genießt Käse aus dem Hause Moser einen ausgezeichneten Ruf. „Was ist das Besondere bei euch?“, frage ich. „Die Liebe zum Viech“, entgegnet mir Monika und Anna bestätigt sofort „Ja, die Liebe macht es aus!“

Dass hier am Hof der Fortschritt nicht Halt macht, fällt besonders im 1997 neu errichteten Stall auf. Glaubt mir, ich habe schon viele Ställe gesehen, aber dieser ist etwas Besonderes! „Wir mussten etwas tun, um erneut für uns eine Arbeitserleichterung zu haben. Aber wir wollten auch dafür Sorge tragen, dass das Wohl der Tiere noch weiter in den Mittelpunkt rückt", erklärt mir Monika. Man spürt förmlich, wie Monika die Philosophie ihrer Schwiegermutter in all den Jahren verinnerlicht hat, ebenso den Stolz bei Anna, in Monika eine würdige Vertreterin gefunden zu haben. „Es ist einfach schön, wenn man erlebt, dass das, was man aufgebaut hat, weiterhin mit derselben Leidenschaft weitergeführt wird!" 2007 haben Karl und Anna an „die Jungen" übergeben, somit ist gesichert, dass der Milch-, Fleisch- und Wollelieferant bei uns in der Region wie gewohnt erhalten bleibt.

LOHBERGER

8 NACH 10

PLÖTZLICHER BESUCH UND COUCHGERICHTE

Toast

Aioli & Anchovis

Pasta

Koriander

Wok

Burger

Suppe

Stangerl

Zutaten
Für 4 Portionen

Mach ich gerne, wenn ich aus dem Norden frische Krabben mit ins Salzkammergut bringe und mal wieder so „richtig sündigen" will.

100 g rohe Krabben
50 g grüner ungeräucherter Speck
2 Eigelb
1 EL gehackter Koriander
½ feinwürfelige Frühlingszwiebel
4 Toastbrotscheiben
etwas Feinkristallzucker
schwarzer Pfeffer aus der Mühle
Salz
etwas Zitronensaft
Öl

Zubereitung
Die Krabben und den Speck im Mixer pürieren. Den gehackten Koriander, Frühlingslauch und die Eigelb dazugeben und miteinander vermengen. Mit dem Zucker, Pfeffer, Salz und dem Zitronensaft abschmecken, für kurze Zeit kalt stellen. Die Toastbrotscheiben goldgelb toasten. Krabben-Speck-Masse nicht zu dünn auftragen und anschließend in heißem Öl ausbacken.

KRABBENTOAST

AIOLI & ANCHOVIS

Zutaten
Für 4 Portionen

Seit meiner Zeit in Spanien nicht mehr wegzudenken. Genieße ich am liebsten mit etwas Baguette und einem guten „Glaserl" Rotwein.

2 Eier
Steinsalz
2 gehackte Knoblauchzehen
2 klein geschnittene Anchovisfilets
1 TL Dijonsenf
¼ l Rapsöl
50 ml Olivenöl
1–2 EL Zitronensaft
Fleur de Sel

Zubereitung
Eier, etwas Steinsalz, Knoblauch, Anchovis und Senf in einem hohen Gefäß mit dem Stabmixer verquirlen. Die Öle mischen und in einem dünnen Strahl in die Eiermasse fließen lassen. Langsam mit dem Mixer aufschlagen. Mit Zitronensaft und Fleur de Sel abschmecken.

CHILI-BRÜHE MIT KORIANDERBÄLLCHEN

Zutaten
Für 4 Portionen

Spicy und frisch – ich liebe es!

Chili-Brühe
500 ml Hühnerbrühe
1 entkernte, fein gehackte rote Chilischote
1 EL geriebener Ingwer
1 TL Sesamöl
1 TL Zitronengraspulver
je 1 Msp. Kreuzkümmel und Chilipulver
Saft einer halben Limette
4 in Streifen geschnittene Frühlingszwiebeln

Korianderbällchen
200 g Rinderhack
1 kleine, fein gewürfelte Zwiebel
2 fein gehackte Knoblauchzehen
1 TL geriebener Ingwer
1 TL gehackter Koriander
1 Ei
Salz
schwarzer Pfeffer aus der Mühle
1 EL Korianderblätter zum Dekorieren

Zubereitung
Die Hühnerbrühe mit Chili, Ingwer, Sesamöl, Zitronengraspulver und Kreuzkümmel zum Kochen bringen. Danach die Temperatur zurücknehmen und etwa 15 Minuten köcheln lassen.

Das Hackfleisch mit Zwiebel, Knoblauch, Ingwer und Koriander vermengen. Nun das Ei dazugeben und mit Salz und Pfeffer abschmecken. Kleine Bällchen rollen und diese in der Brühe wenige Minuten mitgaren. Mit Korianderblättern dekorieren.

Vor dem Servieren nochmals mit Chilipulver und Limettensaft abschmecken, dann mit den Frühlingszwiebeln anrichten. Frische Sojasprossen und Thai-Basilikum in die Suppentasse geben.

PASTA MIT RICOTTA UND RUCOLA

Zutaten
Für 4 Portionen

Einer meiner Favoriten, schnell, einfach und sooo lecker!

400 g Rigatoni
2 EL Olivenöl
70 ml Zitronensaft
25 g geriebener Parmesan
Salz
schwarzer Pfeffer aus der Mühle
15 g gehackte Basilikumblätter
100 g gewaschener, grob geschnittener Rucola
250 g zerbröckelter Ricotta
12 halbierte Kirschtomaten
Parmesan

Zubereitung
Die Rigatoni in Salzwasser al dente kochen und abgießen. Jetzt schnell Öl, Zitronensaft, Parmesan, Salz und Pfeffer in dem gebrauchten Nudeltopf verrühren. Basilikum, Rucola und Ricotta gemeinsam mit der Pasta in den Topf geben und alles gut vermischen. Ganz zum Schluss die halbierten Kirschtomaten hinzufügen. Vor dem Servieren ruhig noch etwas Parmesan darüberhobeln.

SPARGEL-WOK

Zutaten
Für 4 Portionen

„Machst du mir etwas aus dem Wok?" Es ist 8 nach 10 und meine Frau hat Hunger.

300 g weißer Spargel
300 g grüner Spargel
2 Knoblauchzehen
100 g roter Paprika
1 entkernte Chilischote
1 TL geriebener Ingwer
200 g Sojasprossen
2 EL Erdnussöl
1 EL Sesamöl
1 EL grob gehackter Koriander
Salz
schwarzer Pfeffer aus der Mühle
20 ml Sojasauce
50 ml Geflügel- oder Rinderfond
10 g geröstete und grob gehackte Erdnüsse
1 EL grob gehacktes Thai-Basilikum

Zubereitung
Weißen Spargel schälen, Enden entfernen und in 1 cm schräge Stücke schneiden. Vom grünen Spargel ebenfalls die Enden abschneiden und in 1 cm große schräge Stücke schneiden. Knoblauch, Paprika und Chilischote in feine Streifen schneiden. Beide Öle im Wok erhitzen, Spargel dazugeben und schnell schwenken. Knoblauch- sowie Paprikastreifen dazugeben und mitschwenken. Ingwer und Chilischotenstreifen ebenfalls beigeben. Sojasauce und Geflügel- oder Rinderfond einrühren und mit Salz und Pfeffer abschmecken. Zum Schluss geröstete Erdnüsse, gehackte Korianderblätter und Thaibasilikum einstreuen und unterheben.

GEMÜSEBURGER

Zutaten
Für 4 Portionen

Mit diesem Rezept kann man den Kühlschrank aufräumen.

Zutaten
80 g glattes Mehl
3 Eier
je 100 g geraspelte Petersilienwurzel, Karotte und Zucchini
350 g geraspelte festkochende Kartoffel
50 g geriebener Parmesan
2 EL gemischte gehackte Kräuter
Salz
schwarzer Pfeffer aus der Mühle
Pflanzenöl zum Frittieren
8 Scheiben Tramezzini
120 g Ricotta
100 g Rucola

Zubereitung
Das Mehl mit den Eiern glatt verrühren. Geraspeltes Gemüse, Parmesan, Kräuter, Salz und Pfeffer daruntermischen. Öl in eine heiße Pfanne gießen. Portionsgrößen der Gemüse-Kräuter-Mischung in die Pfanne geben, an- bzw. flach drücken und von beiden Seiten ca. 3 Minuten goldgelb braten. Tramezzini rund ausstechen und toasten, anschließend mit Ricotta bestreichen und mit Rucola belegen. Die Gemüseburger jeweils zwischen zwei Scheiben getoastetes Brot geben und zusammengeklappt genießen.

GRÜNE INDISCHE CURRYSUPPE

Zutaten
Für 4 Portionen

Diese Suppe eignet sich für die schnelle Küche ausgezeichnet. Gerade mal zehn Minuten werden für die Zubereitung benötigt. Genial!

5 g gelbe Currypaste
1 TL Pflanzenöl
5 g grüne Currypaste
500 ml Geflügelfond
etwas Maisstärke
20 ml Schlagsahne
30 g Mangochutney aus dem Glas
etwas Salz und schwarzer Pfeffer aus der Mühle
100 g Naturjoghurt

20 g Curry-Senf-Früchte
(siehe Rezept Seite 74)

Zubereitung
Die gelbe Currypaste in etwas Öl anschwitzen. Die grüne Paste mit dem Geflügelfond mischen, ebenfalls in den Topf geben und auf kleiner Flamme kochen lassen. Mit etwas angerührter Maisstärke auf die gewünschte Konsistenz andicken und einige Minuten weiterkochen lassen. Nun die Sahne und das Mangochutney hinzugeben, mit Salz und Pfeffer abschmecken. Anschließend die Suppe von der Hitze nehmen und den Joghurt mit einem Stabmixer einrühren (Achtung: Hierbei darf die Suppe nicht mehr kochen!). Klein geschnittene Senf-Früchte als Einlage in der Suppe servieren.

SCAMPI-„STANGERL"

Zutaten
Für 4 Portionen

Etwas für Liebhaber asiatischer Aromen.
Am besten bis zu 12 Stunden marinieren!

400 g Scampi
4 Holzspieße
1 EL fein gewürfelte Schalotten
2 fein gehackte Knoblauchzehen
1 Stange fein geschnittenes Zitronengras
1 EL fein gehackter Ingwer
3 EL Oystersauce
1 EL Thai-Fischsauce
1 EL brauner Zucker
2 EL Pflanzenöl
je ½ TL Kurkuma- und Currypulver
1 EL Sojasauce
Salz
schwarzer Pfeffer aus der Mühle
Basilikum nach Geschmack

Zubereitung
Scampi schälen, Därme entfernen und auf die Spieße verteilt aufspießen. Alle anderen Zutaten in einem Mixer pürieren. Scampispieße für mindestens 6 Stunden in die Marinade legen. Danach an beiden Seiten kurz und scharf braten oder grillen, mit Basilikumblättern servieren.

Agar-Agar
Ein Bindemittel, das aus der Rotalge Tengusa gewonnen und in China verwendet wird. Es ist in Pulverform, aber auch als lange Streifen und dünne Blätter erhältlich. Die Blätter müssen vor dem Gebrauch etwa 20 Minuten in kaltem Wasser eingeweicht werden. In Japan wird es hauptsächlich für Gelees verwendet.

Aprikose
In Österreich und Südtirol wird sie Marille genannt und gehört wie die Pflaume zu den Rosengewächsen.

Aufmontieren
Kalte Butterstücke mit dem Schwingbesen in eine warme Sauce einrühren, damit die Flüssigkeit leicht bindet.

Blunze
Österreichisch für Blutwurst.

Bonito-Flocken
Blaufisch.

Dorsch
Dieser Fisch gehört zur Familie der Knochenfische. Als Dorsch bezeichnet man den noch nicht geschlechtsreifen, jünger als sechs Jahre alten Kabeljau.

Fischfond
1 kg Fischgräten (Seezunge, St. Pierre, Steinbutt)
etwas Olivenöl
½ Stange Lauch (Porree)
100 g Sellerie
1 kleine Fenchel
1 Zwiebel
200 ml Weißwein
etwas Noilly Prat
1 EL Dill
1 EL Estragon
1 EL Petersilie
Safran nach Geschmack
8 Pfefferkörner
3 Lorbeerblätter
1 abgeriebene Zitronenschale

Zubereitung:
Fischgräten wässern. Olivenöl in einem Topf erhitzen. Lauch, Sellerie, Fenchel und Zwiebeln darin anschwitzen. Dann die Gräten ebenfalls kurz anziehen lassen. Mit Weißwein und Noilly Prat ablöschen und mit kaltem Wasser aufgießen. Übrige Zutaten beigeben und kurz aufkochen lassen. Den Fischfond danach auf kleiner Stufe ca. 30 Minuten ziehen lassen, anschließend durch ein Tuch passieren.

Filoteigblatt
Ein an Blätterteig und Strudelteig erinnernder Teig, der ursprünglich aus der türkischen, griechischen und arabischen Küche stammt. Er wird für die Herstellung verschiedener salziger und süßer Backwaren verwendet.

Gemüsefond
5 l Wasser
1 Pastinake
2 geviertelte Zwiebeln
1 geschälte Knoblauchzehe
2 geviertelte Karotten
2 gelbe Rüben
4 Zucchini
2 Stangen in grobe Stücke geschnittener Sellerie
1 Bund gemischte Kräuter (Majoran, Thymian, Petersilie)
4 Lorbeerblätter
1 EL Pfefferkörner
1 EL Meersalz

Zubereitung:
Alle Zutaten in einen großen Topf geben und ca. 3 Stunden köcheln lassen. Die fertige Brühe abseihen.

Geflügelfond
1 Suppenhuhn
200 g Geflügelkarkassen
1 Zwiebel
1 Karotte
1 Stück Knollensellerie
½ Stange Lauch (Porree; nur das Weiße)
1 Stange Staudensellerie
1 Knoblauchzehe
50 ml Noilly Prat
etwas Tomatenmark
1 Lorbeerblatt
5 Petersilienstängel
1 Thymianzweig
1 Nelke
5 Pfefferkörner
3 Kardamomkapseln
Salz

Zubereitung:
Suppenhuhn und Geflügelkarkassen waschen. Zwiebel, Karotte und Sellerie, Porree und Staudensellerie waschen und grob schneiden. Alle Zutaten in einen großen Topf geben und mit kaltem Wasser bedecken. Zum Kochen bringen und 2 Stunden sieden lassen. Hühnerbrühe durch ein Sieb passieren.

Grenadine
Ein alkoholfreier, mit Zucker gesüßter Fruchtsirup (eingedickter Fruchtsaft). Ursprünglich wurde Grenadine aus dem Saft von Granatäpfeln hergestellt, woraus sich auch der Name ableiten lässt.

Kalbsfond
1,5 kg Kalbsknochen
500 g Kalbsabschnitte
60 ml Rapsöl
100 g Lauch (Porree; nur das Weiße)
100 g Staudensellerie
100 g Champignons
50 g Schalotten
300 ml trockener Weißwein
4 l Wasser
2 Thymianzweige
1 Majoranzweig
einige Petersilienstängel
3 Lorbeerblätter
10 weiße Pfefferkörner

Zubereitung:
Die Kalbsknochen klein hacken und gemeinsam mit den Fleischabschnitten waschen. Anschließend mit kaltem Wasser aufsetzen, kurz kochen, danach in ein Sieb schütten und kalt abschrecken. Anschließend kurz im Öl ohne Farbe anschwitzen und die Gemüse hinzufügen. Mit dem Weißwein ablöschen und mit dem Wasser aufgießen. Die Kräuter und

Gewürze hinzufügen und ca. 2 Stunden auf kleiner Flamme kochen lassen. Zwischendurch das Fett abschöpfen und anschließend durch ein Tuch passieren.

Klären
Entfernen von Trübstoffen aus Brühen mithilfe von leicht geschlagenem Eiweiß.

Kombu-Seetang
Essbarer Seetang, der in Nordostasien weite Verbreitung als Nahrungsmittel gefunden hat.

Kren
Siehe Meerrettich.

Madeira
Eine geschützte Bezeichnung für den Südwein von der zu Portugal zählenden Insel Madeira. Es handelt sich hierbei um einen hochprozentigen, mit Alkohol (Weinbrand) angereicherten Wein.

Meerrettich
Im bairischen und österreichischen Sprachraum auch Kren genannt, gehört zur Familie der Kreuzblütengewächse.

Noilly Prat
Ein französischer Wermut, dessen Basis zwei Weißweine (Clairette und Picpoul de Pinet) aus Südfrankreich bilden.

Nori
Die in der japanischen Küche wichtigste Algenart. Es handelt sich bei Nori um die kulinarische Bezeichnung für getrocknete und später geröstete, als dunkelgrüne, quadratische, papierartige Blätter verkaufte Meeresalgen.

Oystersauce
Hergestellt aus frischen Austern, Mehl, Sesam, Zucker, Salz und weiteren Gewürzen. Die Zutaten werden zunächst geröstet, dann gedämpft und schließlich noch gekocht. Wird zum Marinieren von Fleisch, Fisch, Geflügel und Gemüse oder als Dip verwendet.

Pak-Choi
Auch Senfkohl genannt. Er ist mit seinen lockeren Köpfen und hellen Blattrippen ein naher Verwandter des Chinakohls. Die Blätter sind von etwas dunklerem Grün, ähnlich denen des Mangold. Baby-Pok-Choi hat kleinere Köpfe. Shanghai-Pok-Choi hat grüne Blattrippen

Pernod
Ein Anisée aus Frankreich.

Pflaume
Gehört zur Familie der Rosengewächse. In Teilen von Österreich und Süddeutschland werden gewisse Pflaumenarten als Zwetschke (Zwetschge) bezeichnet.

Puderzucker
In Österreich und Südtirol Staubzucker, der durch Mahlen von raffiniertem weißem Zucker gewonnen wird. Der Name erklärt sich aus der Tatsache, dass der Zucker hierbei so fein gemahlen wird, bis er eine staub- bzw. puderähnliche Konsistenz erhält.

Quark
Auch Weißkäse oder bairisch/österreichisch Topfen; ist ein Frischkäse.

Rindssuppe
1½ kg zerkleinerte Rinderknochen
1 Stange Lauch (Porree)
2 geviertelte Karotten
2 Stangen in grobe Stücke geschnittener Sellerie
2 halbierte Zwiebeln mit Schale
½ Bund Petersilie
4 Lorbeerblätter
8 Pfefferkörner
5 l Wasser
Salz

Zubereitung:
Die Rindsknochen klein hacken und waschen. Anschließend mit kaltem Wasser aufsetzen, kurz kochen, danach auf ein Sieb schütten und kalt abschrecken. Die Knochen mit dem Gemüse, der zuvor gebräunten Zwiebel, den Kräutern und Gewürzen mit dem Wasser erneut aufsetzen. Auf kleinster Hitze 5 bis 6 Stunden kochen lassen. Erst zum Schluss vorsichtig salzen.

Reinanke
Eine Gattung von Fischarten aus der Familie der Forellenfische. Deutsche Namen sind Renken, Felchen, Coregonen, Schnäpel, Maränen usw. Dabei kann ein deutscher Name für verschiedene Arten stehen; viele Arten haben je nach Region mehrere Namen.

Rosa Pfeffer
Eine brasilianische Gewürzpflanze, deren Früchte unter der Bezeichnung „Rosa Pfeffer", „Rosé Pfeffer" oder „Rosa Beeren" als Gewürz verwendet werden. Sie sind jedoch kein echter Pfeffer und von mild aromatischem Geschmack.

Saibling-Kaviar
Eier mit natürlicher rötliche Färbung und größer als der richtige Kaviar. Die genaue Bezeichnung dafür ist eigentlich Saiblingsrogen, da ausschließlich die Eier des Störs die Bezeichnung Kaviar tragen dürfen.

Saubohne
Auch Favabohne, Dicke Bohne, Große Bohne, Pferdebohne, Faberbohne oder Puffbohne genannt.

Semmel
Österreichisch für Brötchen.

Signalkrebs
Ein dem Edelkrebs sehr ähnlicher, aus Nordamerika stammender Flusskrebs, der auch in Europa als Neozoon vorkommt.

Stangenbohne
Auch Fisole, Grüne Bohne, Prinzessbohne, Vizebohne oder Keniabohne genannt.

Stanitzel
Ein spitz zusammengedrehter Hippenteig.

Süßkraut
Pflanzen, die wegen ihrer starken Süßkraft als Zuckerersatz verwendet werden.

Thaispargel
Kleiner asiatischer grüner Spargel.

Timbaleform
Kleine Sturzform zum Portionieren von Parfaits.

Tramezzini
Besteht aus Weißbrot, ähnlich unserem Toastbrot, ist aber feinporiger, weicher und hat keine Rinde.

Verhackerts
Klein Gehacktes.

Wildgeflügelfond
3 Wildgeflügelkarkassen
2 Zwiebeln
1 Karotte
1 Stück Knollensellerie
½ Stange Lauch
(Porree; nur das Weiße)
1 Stange Staudensellerie
1 Knoblauchzehe
Steinpilzabschnitte
100 ml trockener Weißwein
50 ml Madeira
6 Wacholderbeeren
2 Lorbeerblätter
5 Petersilienstängel
2 Nelken
5 Pfefferkörner
4 Wacholderbeeren
5 Kardamomkapseln
Salz

Zubereitung:
Wildgeflügelkarkassen klein hacken und scharf anrösten. Die Gemüse klein schneiden und hinzufügen. Zum Schluss die Steinpilzabschnitte noch kurz mitbraten und anschließend mit dem Wein und Madeira ablöschen. Die Gewürze hinzufügen und ca. 2 Stunden leicht kochen lassen.

Wasabipulver
Grüner japanischer Meerrettich (Kren); sehr scharf, auch als Paste erhältlich.

Zitronengras
Auch Lemongras, Citronella oder Sereh genannt; ist eine mehrjährige, einkeimblättrige Pflanze und gehört zur Familie der Süßgräser.

Zitronenverbene
Eine Pflanzenart aus der Familie der Eisenkrautgewächse mit starkem Zitronenduft; wird zum Würzen von Fisch und Geflügel verwendet und auch als Tee aufgegossen.

Zwetschke
Siehe Pflaume.

A
Aioli & Anchovis 131

Almtaler Käsenudeln in einer Granny-Smith-Suppe und Apfel-Calvados-Espuma 108

Aprikosen-Chili-Chutney 76

B
Birnen-Cordon-bleu mit Preiselbeerschaum sowie Williams- und Karamellwürfel 114

Blunzn / Hausgemacht auf geschmortem Chicorée und Dashi-Sud 22

Brennnesselsuppe mit Zanderweißwurst und Feigensenf 39

C
Cappuccino / Suppe von getrockneten Tomaten und Gin-Kokos-Schaum 37

Chili-Brühe mit Korianderbällchen 132

Chorizo / Maispoulardenbrust mit Mais-Tortilla-Knödel und Tomatensalsa 104

Crispy / Wolfsbarsch auf Bohnengemüse und Kokos-Limetten-Schaum 64

Curry-Senf-Früchte 74

E
Erdbeer-Buttermilch-Cappuccino 118

F
Forellen / Sandwich an Kreuzkümmel-Kürbispüree und Langustino-Mayonnaise 50

Frikassee / Stubenküken & Languste mit einem Pfifferling-Soufflé 94

G
Gebackene Eierlikörcreme und Eierlikör-Espuma 120

Gemüseburger 135

Grießauflauf mit Verhackerts von der Zwetschke und Sorbet 110

Grüne Indische Currysuppe 136

Grüne Nüsse 81

Grüne Tomaten 70

H
Hecht / Lachs als Krautwickler mit Sauerampferschaum 54

Hirsch / Ratatouille-Enchilada-Mantel an Trester-Trauben-Sauce 92

Hummer-Frühlingsrolle auf gebratenem Spargel und Red-Curry-Hollandaise 32

J
Jungschwein / lackiert, Buttermilchknödel und Süßmost-Stöcklkraut 84

K
Kalbsbries / Gebacken an Rote-Bete-Gelee und Wildkräutersalaten 20

Kaninchen-Sate mit Rosenkohl und Couscous-Schöberl 86

Kartoffel-Majoran-Suppe mit Nordseekrabben 36

Krabbenschaumsuppe / Büsumer mit Krabbenknödel und Parmesanchips 41

Krabbentoast 130

L
Langustino-Mayonnaise 77

Linsensüppchen / Curry-Senf-Früchte 40

M
Mikes Fischsuppe / Weckglas, pochiert & serviert 38

Mojo Verde 75

Mostkraut 80

N
Nordsee / Dorsch auf Kürbis-Wirsing-Risotto und Shiitakepilzen 66

O
Oberösterreichische Dim Sum auf Pak-Choi und Aprikosen-Chili-Chutney 30

Oberösterreich / Schnittlsuppe mit gebackenen Zwiebelringen und Räucher-Speck-Stick 43

P
Pasta mit Ricotta und Rucola 133

R
Rehfiletstrudel / Steinpilze mit Studentenfutter und Pflaumen-Zweigelt-Sauce 100

Reinanke mit Petersilienkruste auf Paprikaletscho und spanischer Mojo Verde 28

Rettich-Avocado-Salat 71

Roulade Surf and Turf mit Ingwer-Gurken und Trüffeljus 90

S
Saibling / Sauerrahmmousse in Steinsalz gebeizt 10

Scampi-„Stangerl" 137

Schafkäse-Frühlingsrolle mit Pumpernickelflan, süßem Pesto und grünen Nüssen 124

Schokolade-Cannelloni mit Maracujamousse und Bananenglace 122

Seeteufel / Reisblatt an Sesambohnen und Rote-Bete-Sabayon 48

Spargel-Wok 134

Stanitzel mit Spargel- und Rhabarbercreme 116

Steinpilzessenz / Kartoffelschaum, pochiertes Wachtelei und Perigordtrüffel 42

T
Tafelspitz im Vakuum gegart mit Kartoffelrisotto und Semmelkren 88

Thunfisch / Kartoffelbiskuit mit Zitronengraslauch und Zwiebel-Relish-Bonbon 52

Trauner Signalkrebs und glasierte Wachtelbrust an Avocado-Spargel-Würfel 14

V
Venusmuscheltopf / Scampi, hausgemachtes Tomaten-Oliven-Ciabatta 62

Vitello tonnato vom Kalb mit Wasabi-Thunfisch-Sauce und Käferbohnentempura 12

Z
Zander auf Pastinakenpüree mit Kandiskarotten und Rotweinbutter 56

UNTERSTÜTZER UND BEZUGSQUELLEN

Die Speisen wurden angerichtet auf Porzellan und Glas der Marke Zieher:

Zieher KG
Kulmbacher Str. 15
D-95502 Himmelkron
www.zieher.com

Ein großer Dank für die tolle Unterstützung meines Buches gilt folgenden Firmen:

Bos Food GmbH
Grünstraße 24 c
D-40667 Meerbusch
www.bosfood.de

Deutsche See GmbH
Niederlassung Hamburg
Große Elbstraße 244
D-22767 Hamburg
www.deutschesee.de

Robbe & Berking GmbH & Co.KG
Zur Bleiche 47
D-24941 Flensburg
www.robbeberking.de

Spiceworld
Graf-Zeppelin-Platz 19
A-5020 Salzburg
www.spiceworld.at

Gmundner Molkerei reg.Gen.m.b.H.
Theresienthalstraße 16
A-4810 Gmunden
www.gmundner-milch.at

QimiQ Handels GmbH
Lettlweg 5
A-5322 Hof bei Salzburg
www.qimiq.com

Edition Port Culinaire
c/o Ruhl Studios
Werderstraße 21
D-50672 Köln
www.port-culinaire.de

Ein weiterer Dank gilt meinen Produzenten und Lieferanten vor Ort:

Fleischhauerei Silmbroth
Viechtwang 23
A-4644 Scharnstein
fritz.silmbroth@gmx.at

Gemüse Edthofer
Miller-von-Aichholz-Straße 83
A-4810 Gmunden
obst.edthofer@aon.at

Delifarm Eiswerkstatt
Kirchenplatz 7
A-4645 Grünau im Almtal
www.delifarm.at

Helga und Josef Hackmair
Geflügel und Schnaps
Aichlham 3
4694 Ohlsdorf
wastlhack@aon.at

Familie Moser
Schafzucht
Edt 52
A-4817 St. Konrad
karl.monika@nusurf.at

Resi und Hans Stadler
Wollschweine
Traxenbichl 25
A-4644 Scharnstein

Almtaler Jägerschaft
A-4644 Scharnstein

Johann Parzer
Restaurant Orther Stub'n
Ort 1
A-4810 Gmunden
www.schlossorth.com

Sepp Ahamer
Fischer in Pension
Gmundener Straße 4
A-4813 Altmünster

Elke, Thomas und Mike

Und dann war da noch die Geschichte von dem Abend, an dem wir mit dem Motorradel an die Theke gefahren sind. Und an dem wir später noch eine zünftige Rauferei hatten. Aber die erzählen wir im nächsten Buch …

IMPRESSUM

Bildquellen
Umschlag und Inhalt: Thomas Ruhl

Impressum

Sturzgasse 1A, A-1141 Wien,
E-Mail: buch@avbuch.at,
Internet: www.avbuch.at

Die Deutsche Bibliothek – CIP-Einheitsaufnahme
Die Deutsche Bibliothek verzeichnet diese Publikation in der Deutschen Nationalbibliografie; detaillierte bibliografische Daten sind im Internet über http://dnb.ddb.de abrufbar.

Projektleitung: Brigitte Millan-Ruiz, avBUCH
Lektorat: Jürgen Ehrmann, media-solutions.at
Art Direction: Petra Gril, port-culinaire.de
Umschlag und Layout: Edition Port Culinaire, Köln

Druck und Bindung: Westermann Druck, Zwickau
Printed in Germany

ISBN 978-3-7040-2300-1

Anschriften:
Mike Süsser
Schloss Mühlwang
Linzer Straße 61
A-4810 Gmunden
E-Mail: info@mike-suesser.at
www.mike-suesser.at

Edition Port Culinaire
c/o Ruhl Studios
Werderstraße 21
D-50672 Köln
E-Mail: info@ruhl-studios.de
www.port-culinaire.de

avBUCH
Österreichischer Agrarverlag
Sturzgasse 1a
A-1140 Wien
E-Mail: buch@avbuch.at
www.avbuch.at

DANK

Natürlich möchte ich mich bei einigen Menschen besonders bedanken, falls ich jemanden vergessen sollte – verzeiht mir!

Danke an den Verlag für das Vertrauen in meine Person und meine Buchidee sowie die gute Zusammenarbeit in den letzten Monaten.

Mit Thomas Ruhl als Fotografen habe ich jemanden kennengelernt, der wohl wie kein Zweiter das sogenannte Auge für die Fotografie hat. Seine Art, meine Kreationen in Szene zu setzen, war hervorragend. Danke für die tolle Zusammenarbeit und auf eine hoffentlich baldige Wiederholung.

Dem Küchenteam, das mich während der Fotosessions unterstützte, gilt ein besonderer Dank. Ohne euch wäre dieses Buch nicht zustande gekommen. Das Team bestand aus meinen langjährigsten Freunden Franz Gerstenlauer und Maik Herodeck sowie meinen treuen Helfern, Freunden und Kollegen Norbert Putz und Martin Eder, meiner Küchenperle und meinem Mädel für alles, Irmi Wiesenberger, und Ewald Breitwieser, dem begnadetsten Hobbykoch und zweitbesten Fotografen nach Thomas Ruhl.

Ein weiterer Dank geht an meinen „Lehrherrn" Dierk Meyer, der mir spätestens jetzt meine damaligen „Aussetzer" und morgendlichen „Partyaugen" während der Ausbildung hoffentlich verzeiht. Des Weiteren geht ein Dankeschön auch an einen meiner besten Freunde aus der „Köcheszene", Bernd Ackermann – für mich ein Kochtitan, von dem ich viel gelernt habe und der immer an mich geglaubt hat.

Mein herzlichster Dank aber geht an meine Frau, die mich immer wieder unterstützt und fördert, aber zuletzt auch ertragen hat. Sie ist mein Motor und Freund in allen Lebenslagen und das Beste, was mir passieren konnte – und übrigens die tollste Mutter für unseren Sohn Moritz, die ich mir vorstellen kann.